A JORNADA DAS EMPREENDEDORAS

SEGREDOS, DESAFIOS E CONQUISTAS

EDITORA
CHAVE MESTRA®

Ficha técnica

EDITORA
CHAVE MESTRA®

Av. Marcos Penteado de Ulhoa Rodrigues, 1119 – Tamboré, Alphaville - SP,
Ed. Office Shopping Tamboré – Andar 21 – Sala Chave Mestra
CEP: 06460-040
@editorachavemestra
editora@editorachavemestra.com.br
Acesse: www.editorachavemestra.com.br

Título original em português: A jornada das empreendedoras: segredos, desafios e conquistas

Direção editorial: Raquel Medeiros
Coordenação editorial: Bartira Costa Neves
Assistência editorial: Eloiza Andrade e Larissa Robbi Ribeiro
Revisão: Verônica Ribas Cúrcio e Híllona Anjos
***Branding* de capa:** Izzo Medeiros
Projeto gráfico e diagramação: Thais Moreno

Dados Internacionais de Catalogação na Publicação (CIP)

Vale, Rogério (Organizador)
V149 Titulo: A jornada das empreendedoras: segredos, desafios e conquistas / Rogério Vale (org.) – Barueri, SP: Chave Mestra Editora, 2024.
256 p. : 16 x 23 cm

ISBN 978-65-5496-038-0

1. Desenvolvimento pessoal. 2. Negócios. 3. Empreendedorismo 4. Mulheres. 5. Sucesso dos negócios. 6. Atitude. I. Título.

CDD 158.1

A JORNADA DAS EMPREENDEDORAS

SEGREDOS, DESAFIOS E CONQUISTAS

PREFÁCIO

Estabelecer metas claras e alcançáveis, fazer um plano de ação detalhado para alcançar alta performance e manter o foco em nossas atividades diárias é desafiador, mas tangível, executável, motivador e satisfatório. Porém, renovar nossas forças é preciso e saber que existe estratégias e ferramentas que fazem nossos objetivos se concretizarem; e este livro tem essa função de te sintonizar com pessoas certas, conhecimento certo, pensamentos positivos, te conduzindo para agir na velocidade certa, com a intensidade necessária, para realização de tuas metas em todos os âmbitos de tua vida. Como se fosse um precoce de construção, cada capítulo deste livro é como se fosse tijolo por tijolo, degrau por degrau, para que você, querido leitor, alcance aquilo que deseja, entendendo que tudo depende de nossas escolhas. Temos o livre arbítrio, e esse livre-arbítrio que nos faz entender que a nossa vida são as nossas escolhas. A pergunta são: Como você tem escolhido viver? Como você tem escolhido vivenciar as suas experiências? Lamuriando ou tendo aprendizado que te conduza para o próximo nível em cada uma dessas experiências? O que você tem feito para construir a vida que você sonha, que você deseja e que você merece? Quem é você hoje?

De todas as perguntas, a 1ª que você precisa responder é a última! Pois se você não estiver sua identidade alicerçada, sabendo quem você em essência e o que você nasceu para viver uma vida em abundância, você não conseguirá avançar. Nessa leitura você poderá se identificar com as dores de uma empreendedora, qual o posicionamento estratégico que vai além do digital, bem como o poder transformador da mulher visionária, a importância de mentorias transformadoras, como superar os medos, a arte de vender, como construir equipes de alto desempenho e o melhor de tudo: construir uma vida com qualidade e produtiva.

Parabéns a você por já ter dado o 1º passo que é ter escolhido a leitura deste livro. Nós plantamos escolhas e colhemos resultados. Quem escolhe a rota é você!

Excelente leitura e transformação: você nasceu para ser uma mulher plena, feliz e realizada em todas as áreas da sua vida!

Dra. Leila Thaise

SUMÁRIO

	Prefácio | LEILA THAISE	4
1	Dores de uma empreendedora | AMÁBILA LUCENA	8
2	Posicionamento estratégico além do digital | AMANDA SOUZA	16
3	Autoconhecimento: empreendedorismo e liderança | ANDRÉIA MEDEIROS	24
4	O poder transformador da mulher visionária | CRISTIANE OLIVEIRA	32
5	Os principais processos da gestão de pessoas | DAYANE PEIXOTO	40
6	Mentorias transformadoras | DÉBORA PENTEADO	48
7	Vontade de vencer | DENISE ASSIS	56
8	De empreendedora a mentora | ELENILDA ROCHA	64
9	Empreenda em todas as áreas da sua vida | EVELISE	72
10	Saindo da zona de conforto | FLAVIANA MOREIRA GARCIA	80
11	Do zero ao sucesso no empreendedorismo digital | GABRIELA SOARES	88
12	*Networking* eficaz: transformando reputação em conexões de sucesso | ISABEL SCHINAIDER	96
13	Sucesso no empreendedorismo – principal fator | JÉSSICA THALITA	104
14	Priorize-se: o poder do autocuidado | JOICE MATOS	112

15	Superando os medos | JULIA PEDROSA PINTO	120
16	Desenvolvimento e habilidade da comunicação | KARINE LIMA	128
17	A arte de vender | KARINY REIS	136
18	Aprendendo a construir equipes de alto desempenho | KEILA NARA DOS SANTOS	144
19	A arte de empreender: desafios e conquistas | KELLY JUGNI	152
20	Construindo uma vida produtiva | LARISSA MAROLLA	160
21	Resiliência: o código de experiências transformadoras | Dr.ª LEILA THAISE	168
22	O poder por trás das lágrimas | LILIAN SANTOS	176
23	Sua maior batalha é contra você mesmo | LUANNA ETERNA	184
24	Liderança oxigênio – conectando propósitos | MARCELIS PEREIRA	192
25	Construindo uma imagem com propósito | MARIA MATOS	200
26	Adaptando-se a mudanças | MARINEUSA ALVES ALMEIDA	208
27	Quebrando barreiras | NAIANE MORAES	216
28	O poder oculto por trás de uma empresária próspera | NEILA THUMS	224
29	Autenticidade, a chave para o sucesso! | PAULA MELLO	232
30	Seja a sua maior marca | REGINA BORGES	240
31	Quem escolhe a rota é você! | TAMILA BRAZ	248

Amábila Lucena

Eu sou Amábila Lucena, mãe, esposa e empresária, nascida em Porangatu/GO e residente em Tucumã/PA. Neste capítulo, você vai perceber que, desde a carreira na medicina veterinária, passando pela gestão de uma franquia (CS Tucumã) à criação da minha própria marca, Ela Concept, a minha história foi marcada por desafios e superações.

A Ela Concept visa propiciar que cada mulher se sinta elegante, linda e amada por Deus. Enfrentei crenças limitantes e desenvolvi uma abordagem que integra conhecimento técnico, emocional e espiritual.

Hoje, também atuo como mentora, compartilhando essas experiências para ajudar outras mulheres a desbloquearem o seu potencial. Participe dessa transformação e desperte em você também o seu extraordinário.

amabila

amabilarlucena@hotmail.com

1 Dores de uma empreendedora

por

Amábila Lucena

Quando fui convidada para escrever este capítulo, minha primeira resposta foi: "Eu não tenho tempo". Alguns dias se passaram e acabei lembrando-me de algo que escrevi tempos atrás, quando estava na UTI. De curiosidade, fui pegar o papel e encontrei um esboço do que me causava dor no empreendedorismo, exatamente o tema sobre o qual fui convidada a escrever. Foi aí que tive certeza de que meu propósito já estava sendo soprado em meu ouvido. Seria injusto não compartilhar com outras mulheres o que aprendi ao longo da minha jornada. Se Ele me ajudou a ressignificar essas dores, meu testemunho e as técnicas que aprendi para renascer das cinzas poderiam também ajudar muitas outras pessoas.

Em fevereiro de 2023, precisei me submeter a uma cirurgia para a retirada de um cisto hepático de mais de 20 centímetros. Acabei passando um período na UTI devido à perda de sangue e drenagem de quase 3 litros de líquido do cisto. Para quem me conhece, sabe que odeio ficar parada, então pedi à enfermeira um pedaço de papel e caneta. O que eu não sabia era que aqueles rabiscos, feitos em um pedaço de prontuário e uma caneta "roubada" de algum médico que estava passando por ali, poderiam resultar no capítulo deste livro que você está lendo. E, ainda melhor, você vai poder entender como venho solucionando todas essas dores. Por isso, compartilhar essas experiências pode ser como dividir um remédio para tantas pessoas que estão empreendendo ou ainda sonham com essa conquista.

Antes de tudo, preciso contextualizá-la. Desde pequena, tive uma vontade muito grande de empreender e ajudar outras pessoas a evoluírem. Aos 8 anos, vendia os filhotes da minha cadela mesmo antes dela cruzar, pegando 50% do valor para garantir a reserva do cliente, parece que o prazer por vender já tinha nascido comigo. Sem saber muito sobre mim e com todas as inseguranças da adolescência, aos 15 anos, escolhi o curso de Medicina Veterinária para dar continuidade ao patrimônio familiar. Formei-me aos 21 anos, em seguida, especializei-me em produção e reprodução de grandes animais, setor em que trabalhei por sete anos. Enfrentei estradas ruins, atoleiros, pontes quebradas e vivia "cheirando a dinheiro" – historinha que eu contava para o cheiro do estrume de vaca que ficava impregnado em mim. Levei coices, dormi no carro por segurança, e já precisei abrir a torneira do chuveiro protegendo a minha mão com a roupa, por nojo de tocar no registro (ninguém sabia como e quando aqueles peões pegavam ali).

Nunca reclamei do meu trabalho, sempre dava o meu melhor e obtinha bons resultados. Mas, havia um problema: não estava satisfeita e nem sabia com o quê! Minhas crenças limitantes e a falta de autoconhecimento me impossibilitavam de "romper a bolha". Eu não sabia quem eu era, onde queria chegar e o que precisava fazer para alcançar. Apenas me sentia frustrada, estagnada, sem visão de futuro. Meu maior inimigo se encontrava em frente ao meu próprio reflexo no espelho.

Decepcionada com uma profissão na qual eu havia sonhado e me dedicado por anos, pedi a Deus para acalmar meu coração, abrir as portas que precisavam ser abertas e fechar as que precisavam ser fechadas.

Iniciei minha busca por inteligência emocional em cursos e mentorias em 2017. Percebi que há uma dor em quase todo ser humano: a dificuldade de olhar para dentro. Aprendi que as maiores dores da vida são inevitáveis, mas deixar que elas durem é uma decisão. Agora, a importância que isso reflete na liderança da sua vida emocional e profissional é muito maior do que imaginamos.

Os dias passaram e – como nunca foi sorte, sempre foi oração, dedicação e ação –, apareceu uma proposta para comprar a CS Tucumã. E, como na minha vida tudo acontece assim, dormi veterinária e acordei dona de uma das maiores boutiques da minha região! Agora sim, eu poderia trabalhar menos e ganhar mais. Descansar, viajar, ser mãe, cuidar da minha família. Doce ilusão!

A parte que ninguém me contou era que a empresa se encontrava sem processos bem definidos, sem uma equipe treinada para dar lucro, com ausência de gestão de estoque, um marketing com baixo retorno e uma inadimplência exorbitante. A empresa estava falida. E o pior, a nova dona (no caso eu) não entendia nada sobre isso e ainda estava com uma inteligência emocional em construção.

Descobri, da forma mais difícil, que a vida de comerciante é bem diferente do que eu pensava. Meu mundo caiu e agora ainda tinha um patrimônio de mais de um milhão em jogo. O medo de ter uma falência nas costas e ainda dívidas me fizeram não deixar a peteca cair. Desistir não era uma opção. Levei vários tombos e muitos prejuízos. Só eu e Deus sabemos quantas noites em claro e quantas madrugadas de estudo passei durante esses sete anos. Busquei livros, vídeos, cursos, mentorias, terapia e até ajuda psiquiátrica. Mas, o que mais surtiu efeito foi entregar a chave certa para a pessoa certa: Deus. Dessa forma, todos esses cursos se misturaram numa conexão poderosa e fizeram um *boom* na minha vida. Foi nesse momento que tive certeza de que eu precisava de conhecimento técnico, emocional e, principalmente, espiritual para colocar tudo em prática. Afinal, os picos e vales da nossa vida são rotineiros, e a quantidade de tempo que você fica em um vale, depende muito mais de você do que das circunstâncias.

Depois desse *boom*, vi que cada dificuldade enfrentada era para me trazer consciência de quem é a Trindade Santa na minha vida, fortalecer minha identidade e ser luz onde quer que eu esteja. Para ajudar a trazer luz e consciência a você também, vou começar a fazer algumas perguntas que me fiz no leito da UTI. Para isso, preciso que você pegue, agora, papel e caneta. Responda, em uma folha, à parte. Só assim, as perguntas e as respostas irão "trazer luz às trevas". Essa expressão significa que quando identificamos os inimigos ocultos, conseguimos levar luz a esse ponto e trazer clareza a algo que está nos impedindo de prosperar. Mas, atenção! Todas as perguntas podem ser feitas aos pilares profissionais e pessoais, e assim, destrinchar algumas das suas principais dores. Saiba que, identificar o inimigo oculto é o primeiro passo para solucionar uma dor ou um problema.

Serão sete pilares que, comumente, simbolizam as dores de uma empreendedora. Você deve fazer essas perguntas para si mesma para desvendar esses inimigos ocultos:

1. Como estão suas emoções?

Você ou o seu liderado já fez algum curso ou mentoria de inteligência emocional? Um líder com emoções desalinhadas repassa tudo para a sua equipe. O exemplo fala mais do que a boca. Muitas vezes nos encontramos cansadas e estressadas, com vontade de fugir e só voltar quando tudo estiver resolvido. Fugir do problema só nos faz procrastinar, perder o sono e a eficiência. Procure ajuda de um mentor, alguém que já passou por uma situação parecida ou igual, para aconselhá-la.

2. Como está sua equipe?

Você tem pessoas de confiança, unidas, treinadas, que buscam incansavelmente fazer o melhor pela empresa? Contratamos por currículo e demitimos por problemas comportamentais. Precisamos fazer treinamentos de vendas, de atendimento ao cliente, de gestão das emoções e de processos. Entender o perfil comportamental da sua equipe e o que a motiva, pode trazer ganhos extraordinários.

3. Qual o preço do seu produto?

Só esse tema já daria um livro, mas em poucas palavras, preciso perguntar: você está gerando valor ou apenas colocando preço? Se você só entrega o produto, ele vale um preço. Agora, se você investe em qualidade de atendimento, vai até o cliente, ajuda a solucionar a dor que ele veio sanar e ainda oferece água e um cafezinho, será que seu produto vale o mesmo preço?

4. Como você distribui o seu tempo e o tempo da sua equipe?

O tempo é uma das coisas mais preciosas que temos. Dividir o tempo entre atividades urgentes e importantes é essencial para qualquer pessoa. Defina prioridades e faça uma rotina de tarefas. Nem sempre é possível efetuar tudo que se coloca nessas listas. Mas identificar o feito e não feito de forma visual pode surtir mais efeito do que você imagina.

5. Como está o processo de vendas da sua empresa?

Está escrito em algum lugar do seu estabelecimento, em "letras garrafais", como funciona todo o processo de vendas? Desde a atração, a abordagem, quais são as palavras-chaves para despertar o desejo, a importância de fazer *rapport* com o cliente (tratá-lo como ele é e gosta de ser tratado) e fazê-lo sentir-se à vontade, mostrar confiança demonstrando que entende do assunto, oferecer água e/ou café, tirar todas as dúvidas, fazer a oferta, o fechamento e o pós-venda?

6. E o marketing?

Você tem investido nas redes sociais? Já faz muito tempo que as redes sociais são vitrines gigantescas e vendem mais do que as lojas físicas. Mas, para isso é necessário entender e saber exatamente o seu nicho de mercado; quem são os seus concorrentes físicos e virtuais e como eles trabalham; estabelecer parcerias; ter uma presença digital constante e diária; promover engajamento com o público e fazer com que ele queira assistir a você e ver quais são as novidades. Isso gera desejo e facilita o fechamento de uma venda de um consumidor, muitas vezes, impulsivo. O marketing é um mundo onde as ideias precisam ser pensadas com estratégias de forma intencional para o benefício adequado.

7. Você faz gestão de estoque?

Avalia seus números constantemente? Sabe como estão suas entradas por forma de pagamento? Despesas fixas e variáveis? Ou apenas deixa para ver que está faltando mercadoria.

Para falar a verdade, eu escreveria um livro completo falando sobre as dores e os remédios para nós, empresárias. Mas, como o espaço é curto, convido você a seguir @amabila ou me chamar no WhatsApp. Terei o prazer de lhe contar mais da minha jornada e ajudá-la, por meio de minhas mentorias, a despertar o seu extraordinário, e, é claro, tornar-se uma empresária de sucesso.

"No empreendedorismo e na vida, a dor é inevitável; o sofrimento é uma questão de escolha; e o sucesso? Depende da sua persistência."

Amábila Lucena

Amanda Souza

Eu sou cristã e empresária. Filha caçula de Adelia e Milton, formada em Técnico em Relações Humanas, sonhadora, determinada. Cresci sendo independente, aos 12 anos, já era uma empreendedora, como babá e vendas. Na fase adulta, tornei-me modelo, maquiadora e trabalhei em três empregos como CLT, o último foi no financeiro de uma loja de semijoias, no qual virei a chave para iniciar a minha marca: Dreams Semijoias.

Tornei-me *social media* e, com a abertura para mundo do marketing, continuei investindo em cursos e mentorias. Apliquei estratégias de posicionamento no meu negócio, criei o e-book *Do 0 a 1k*, um manual para empreendedoras iniciantes. Sigo incentivando mulheres, e esse é apenas o início de uma jornada empreendedora de sucesso!

souamandasz

dreams.semijoiias

+55 (31) 9409-7183

2 Posicionamento estratégico além do digital

por

Amanda Souza

Posicionamento estratégico é muito mais do que um posicionamento nas redes sociais, o seu posicionamento está relacionado à sua autoridade pessoal e profissional, você não é apenas uma empreendedora, você é dona do seu próprio negócio. A partir do momento em que você se posiciona como alguém de autoridade, você nunca mais será vista da mesma maneira.

Lembre-se sempre de que a autora da sua jornada é você; e para escrever uma história de sucesso, precisa estar alinhada com o seu propósito, mas qual será o seu propósito? Muitas empreendedoras buscam essa resposta diariamente. Posso dizer que seu propósito é servir pessoas com seu empreendimento, mas o que vai levar você a servir mais pessoas é o desejo do seu coração em tornar-se uma grande empresária.

Querer ser uma empresária ou para sempre uma empreendedora? Tenho certeza de que a sua afirmação é: "Eu quero ser uma empresária de sucesso!". Então, a partir da leitura deste capítulo, você já estará pronta para se considerar uma grande empresária de sucesso! Faça a sua autoanálise hoje: "Como está o meu posicionamento diante do meu negócio?"; "Tenho me posicionado como uma verdadeira empresária?".

Você pode me dizer que não, porque talvez na sua cabeça você ainda não seja uma empresária! Esse é o erro de todo empreendedor iniciante: querer ser grande e se portar como pequeno. Por muitas vezes, não percebemos essa falha, e acabamos não gerando o devido valor ao nosso negócio: chamamos de "lojinha", "renda extra", "bico", entre outros sinônimos que não remetem a nenhuma confiança ao falar. Isso aconteceu nos meus primeiros meses de empreendimento.

Talvez você se pergunte: "O que há de errado nisto?", o problema é que o empresário não chama o seu negócio de "renda extra", e não chama a sua marca de "lojinha"! Comece, hoje, a destravar a sua mente e a posicionar-se de forma correta, esse posicionamento começa em você! Quando você acredita que você é capaz de ser grande, você consegue falar com clareza e com confiança da sua marca e do seu negócio. Posicionamento vai muito além de um blazer, salto alto e um "batonzão" vermelho, esses são alguns artigos de complemento muito utilizados na internet e associados a uma "falsa imagem de autoridade dentro do digital".

Você pode não ter nada desses complementos, e ainda assim, ser uma pessoa de autoridade, ou você pode ter todos esses complementos e ser uma pessoa sem autoridade. Não vamos descartar o posicionamento estratégico visual, afinal estar linda e irradiante por fora, faz com que as pessoas queiram falar conosco. E, como vou falar com autoridade, se eu não estiver bem-posicionada com as minhas vestes, com meu cabelo e com as unhas feitas?

O autocuidado é essencial para a apresentação de um bom posicionamento. Ter o guarda-roupa alinhado aos meus propósitos, faz-me sentar a grandes mesas. Mas, o conteúdo que vai sair da minha boca é ainda mais importante para o meu crescimento profissional, afinal, do que adianta minha aparência estar impecável se não condiz com o meu conhecimento interior?

O primeiro passo para construir um posicionamento estratégico de valor é reconhecer quem é você, o que você gosta, qual área possui domínio? Sempre digo que o meu posicionamento veio por meio da descoberta de minha identidade em Cristo, pois sem Jesus eu não conseguiria enxergar o meu real valor e, consequentemente, não me acharia capaz de ser uma empresária de sucesso. Quando reconhecemos a nossa verdadeira identidade em Cristo, torna-se muito mais fácil nos posicionarmos perante a sociedade e o mundo. Você é herdeira de Deus e nasceu para brilhar, atente-se, então, ao que a Bíblia fala para você: "**Levante-se, refulja! Porque chegou a sua luz, e a glória do Senhor raia sobre você.**" (Isaías 60:1)

Agora que você já fez a sua autoanálise e descobriu quem é você em Cristo, reconheça para quem você quer falar. "Qual é o meu público-alvo?". Quando estamos dispostos a abraçar o mundo e a falar para todos, não conseguimos dizer com clareza para ninguém, por isso, a importância de definir o seu público-alvo. Eu, Amanda Souza, já estive nesse lugar, de querer falar para todo mundo, e posso dizer que não é nada profissional, eu queria abraçar o mundo, trabalhando com vários nichos ao mesmo tempo, posso citar alguns deles: modelo, maquiadora, *influencer* digital, social media, técnica em RH... Você percebe que não há sintonia entre eles? Eu estava totalmente perdida e sem propósito, como iria ter um posicionamento estratégico forte sem saber a verdade sobre o que Deus queria de mim e para quem eu falaria? Talvez hoje você se encontre exatamente assim, perdida e sem propósito, mas quero lhe dizer que não é o fim do mundo, pois é na dor e na dificuldade que encontramos o nosso propósito, aquele que é entregue por Deus.

Pare por um momento, ore a Deus e peça para que os planos dEle estejam alinhados com o seu, que o propósito dEle prevaleça sobre a sua vida e que Ele mostre isso a você, com clareza. Se possível, peça para Ele escrever em um *outdoor*, foi como eu pedi (risos). Quando colocamos tudo nas mãos de Deus, o fluir é lindo! Minha mãe sempre me disse que "as coisas de Deus enriquecem e não acrescentam sofrimento." Tudo o que lhe gera dúvida é um não.

"**Consagre ao Senhor tudo que você faz e os seus planos serão bem sucedidos.**" (Provérbios 16:3)

Qual a dor e o desejo estão sendo sanados por você, para quem você se comunica? Se você já definiu o seu público-alvo, agora, precisa instruí-los de alguma forma, seja com ideias, sugestões de estratégias e até mesmo informações diárias sobre o seu empreendimento, ou seja, o seu nicho. Todas nós, diariamente, queremos aprender algo novo, e com o seu público não será diferente, posicionar-se com autoridade no meio digital também requer posicionamento de conteúdo. Para começar, é ideal que você trace planos, estratégias e metas a cada mês. Criamos, o que chamamos no marketing, a linha editorial, que consiste no conjunto de diretrizes, temas e assuntos dos quais o seu negócio trata. Já, o calendário editorial trata da organização do conteúdo, a fim de estabelecer a periodicidade e consistência das publicações. Acompanhe no exemplo a seguir:

Calendário	*Feed*	*Stories*
Segunda	Postar foto com frase motivacional	Bom-dia/dia a dia
Terça	Postar produto novo	Caixinha de perguntas/enquetes
Quarta	*Reels* ensinando algum truque/ /estratégia relacionado (a) ao seu nicho	Responder caixinha do dia anterior
Quinta	Propaganda de produto novo	*Stories shop* com produto novo

Agora que você entendeu como funciona o calendário editorial, faça de acordo com o seu nicho. É importante pré-programar os conteúdos com os respectivos horários que a sua audiência estará on-line. Em cada ferramenta de trabalho digital, como Instagram, TikTok e outros, você irá conseguir ter acesso a essas informações, deixando a sua página comercial ou como criador de conteúdo. Posicionar-se de forma estratégica no digital, exige que você esteja atenta a cada alteração e mudança das redes sociais que você utiliza para vender seu produto ou serviço. Por isso, pesquisar e estar por dentro de todas as novidades e tendências é essencial para seu empreendimento. Isso inclui ferramentas fundamentais, como:

1. **Análise SWOT:** identificando forças, fraquezas, oportunidades e ameaças do negócio.
2. **Segmentação de mercado:** dividir o mercado em grupos menores para melhor direcionamento.
3. **Persona do cliente:** criar perfis detalhados dos clientes ideais (público-alvo) para orientar as estratégias de marketing.
4. **Plano de marketing:** definir objetivos, estratégias e táticas para alcançar e envolver o público-alvo.
5. **Branding pessoal:** desenvolver uma marca pessoal forte para se destacar no mercado.

6. ***Networking*:** construir e manter uma rede de contatos valiosa para colaborações e oportunidades de negócio.

7. **Monitoramento de concorrência:** acompanhar as estratégias e atividades dos concorrentes para identificar oportunidades e ameaças.

8. ***Feedback* dos clientes:** coletar e analisar *feedback* para melhorar produtos e serviços e ajustar as estratégias conforme necessário.

9. **Tecnologia e automação:** utilizar ferramentas e sistemas para otimizar processos e aumentar a eficiência operacional.

10. **Educação contínua:** investir em desenvolvimento pessoal e profissional para se manter atualizada com as tendências e melhores práticas do mercado.

Chegamos ao final deste capítulo e eu preciso lhe dizer que você já é mais que vencedora, acredite! Não tenha medo de se posicionar, não tenha medo de falar o seu valor, não tenha medo de avançar, não tenha medo de mudanças! Elas são necessárias para alcançamos o sobrenatural de Deus, enquanto colocamos os pés, Ele vem e coloca o chão, dando-nos recursos para continuar. Sinta-se motivada a continuar sua jornada empreendedora, seu sucesso está apenas começando e eu quero poder aplaudi-la, em breve, como uma mulher virtuosa, mulher sábia e bem-posicionada!

Que você esteja atenta ao seu posicionamento diário, somos exemplos de uma vida com propósito, guiada e instruída pela graça de Deus. Amém!

"Não seja apenas uma menina sonhadora, seja uma mulher que acredita nas promessas de Deus e se posiciona para vivê-las!"

Amanda Souza

Andréia Medeiros

Eu sou Andréia Medeiros, natural de Patos/PB, resido em Imperatriz/MA com a minha amada família: meu esposo Tadeu Barros, com quem sou casada há dezenove anos, e minha filha Maria Eduarda.

Eu sou empresária, mentora, *coach life* e *business*, analista de perfil comportamental, escritora, master especialista em pessoas, vice-presidente de Mulheres de Negócios. Acumulei mais de mil horas de atendimentos individuais e em grupo, guiando centenas de clientes em vários estados do Brasil.

A minha história de sucesso não foi sempre assim. Superei grandes desafios e provei que é possível mudar a própria vida por meio do autoconhecimento e de um desejo ardente de ajudar pessoas a se desenvolverem e evoluírem em todas as áreas de suas vidas.

andreiamedeirosscoach
atacadaodosbonesitz
mebordadoseestampas
Andréia Medeiros
andreiaalves.123@hormail.com
+55 (99) 999881-54781

3 Autoconhecimento: empreendedorismo e liderança

por

Andréia Medeiros

Você já se perguntou por que alguns empreendedores e líderes alcançam consistentemente o sucesso? A resposta está em um elemento fundamental e muitas vezes negligenciado: o autoconhecimento. No empreendedorismo e na liderança, a capacidade de entender a si, suas habilidades, limitações e motivações é essencial para se destacar no mundo dos negócios.

O autoconhecimento permite que os empreendedores identifiquem seus pontos fortes e fracos e, assim, maximizem seu potencial de liderança. Ao compreenderem suas emoções e reações em diferentes situações, eles conseguem tomar decisões mais conscientes e estratégicas. Além disso, essa consciência interna também impulsiona a motivação e a resiliência, permitindo que sejam superados os obstáculos e que haja adaptação rápida às mudanças.

Sendo assim, o autoconhecimento é a base para o desenvolvimento de relacionamentos profissionais sólidos. Empreendedores e líderes que conhecem a si são capazes de se conectar melhor com suas equipes, inspirar confiança e promover um ambiente de trabalho construtivo.

Convido você a explorar, neste capítulo, o porquê de o autoconhecimento ser fundamental para alcançar o sucesso empresarial e de liderança. Você vai entender como desenvolver essa habilidade e como ela impacta diretamente nos resultados dos negócios. Pronto para descobrir como se conhecer melhor pode impulsionar sua jornada rumo ao sucesso? Vamos lá!

Introdução ao empreendedorismo e liderança

Primordialmente, o empreendedorismo e a liderança são dois pilares fundamentais para o sucesso nos negócios. Empreendedores são indivíduos visionários, que identificam oportunidades e transformam ideias em realidade. Por outro lado, líderes são responsáveis por guiar suas equipes, inspirar confiança e alcançar resultados. No entanto, para se destacar nesses papéis, é necessário mais do que habilidades técnicas ou conhecimento de mercado. É preciso um profundo entendimento de si mesmo e uma consciência de suas próprias habilidades, limitações e motivações. É nesse ponto que o autoconhecimento se torna fundamental.

A importância do autoconhecimento no empreendedorismo e na liderança

O autoconhecimento é a base para o sucesso no empreendedorismo e liderança. Quando um empreendedor ou líder se conhece profundamente, ele consegue identificar seus pontos fortes e fracos e, assim, tomar decisões mais estratégicas. Ele sabe onde pode brilhar e quando precisa buscar apoio ou delegar tarefas.

Além disso, o autoconhecimento permite que empreendedores e líderes entendam suas motivações e paixões. Isso é fundamental porque, quando você está alinhada aos seus valores e interesses, é provável que se sinta motivado e engajado em seu trabalho. Essa motivação interna impulsiona a persistência e a resiliência necessárias para superar obstáculos e enfrentar os desafios do mundo dos negócios.

Compreendendo seus pontos fortes e fracos

Como vimos, um aspecto importante do autoconhecimento é a compreensão de seus pontos fortes e fracos. Isso envolve uma análise honesta de suas habilidades e limitações. Pois, ao identificar suas áreas de excelência, você pode direcionar seus esforços para maximizar seu potencial e se destacar em seu campo de atuação.

Por outro lado, reconhecer suas fraquezas não é um sinal de fraqueza, mas sim de inteligência emocional. Todos temos áreas em que precisamos melhorar, e identificar essas áreas é o primeiro passo para o crescimento e desenvolvimento pessoal. Dessa forma, ao reconhecer suas fraquezas, você pode buscar maneiras de aprimorar essas habilidades ou encontrar apoio em outras pessoas que tenham essas competências.

Identificar seus valores e crenças

Outro aspecto importante do autoconhecimento é a compreensão de seus valores e crenças. Esses são os princípios fundamentais que regem suas ações e decisões. Quando você conhece seus valores e crenças, pode tomar decisões mais alinhadas com quem você é e com o que é importante para você.

Identificar seus valores também ajuda a estabelecer metas e direcionar suas ações. Quando suas metas estão alinhadas com seus valores, você se sentirá mais motivado e comprometido em alcançá-las. Além disso, conhecer seus valores também é fundamental para construir uma cultura organizacional sólida e promover um ambiente de trabalho salutar.

Desenvolvendo a autoconsciência e a inteligência emocional

A autoconsciência é uma habilidade essencial para o autoconhecimento. Ela envolve a capacidade de se observar objetivamente, reconhecendo seus pensamentos, emoções e comportamentos. Ao desenvolver a autoconsciência, você se torna mais consciente sobre suas ações e reações e como elas impactam você e as pessoas ao seu redor.

A jornada do autoconhecimento encontra na inteligência emocional um mapa essencial. A inteligência emocional nos conecta com a nossa essência e com a essência das pessoas ao nosso redor, por meio da compreensão e do manejo das emoções. Em outras palavras, ao desenvolver a inteligência emocional, você se torna mais hábil em lidar com situações desafiadoras e em relacionamentos construtivos e produtivos.

A eficácia do autoconhecimento na tomada de decisões

Um dos principais benefícios do autoconhecimento é a capacidade de tomar decisões mais eficazes. Quando você se conhece profundamente, é mais fácil tomar decisões alinhadas com seus valores, objetivos e habilidades. Ou seja, você está menos propenso a ser influenciado por fatores externos e mais confiante em suas escolhas. Além disso, o autoconhecimento também ajuda a evitar armadilhas cognitivas e vieses que podem distorcer sua tomada de decisão. Ao entender suas emoções, você pode tomar decisões mais racionais e objetivas.

Construindo relacionamentos autênticos e habilidades de comunicação

O autoconhecimento também é fundamental para construir relacionamentos autênticos e habilidades de comunicação eficazes. Quando você se conhece profundamente, é mais fácil se conectar com os outros de maneira genuína. Ademais, você sabe quais são suas necessidades e limitações, e isso lhe ajuda a estabelecer relacionamentos sólidos e produtivos.

Isso porque o autoconhecimento também o ajuda a entender como se comunicar de forma clara e eficaz. Você reconhece seus próprios padrões de comunicação e está mais aberto a ouvir e entender as perspectivas dos outros.

Cultivando uma mentalidade de crescimento e resiliência

A mentalidade de crescimento é uma mentalidade fundamental para o sucesso no empreendedorismo e liderança. Ela envolve a crença de que suas habilidades e inteligência podem ser desenvolvidas por meio do esforço e da prática. Sendo assim, ao cultivar uma mentalidade de crescimento, você se torna mais resiliente diante dos desafios e está aberto a aprender com os erros e adversidades.

O autoconhecimento é uma peça-chave para o desenvolvimento da mentalidade de crescimento. Quando você se conhece profundamente, entende suas próprias habilidades e limitações e se dispõe a buscar o desenvolvimento contínuo.

Autorreflexão e aprimoramento contínuo

A autorreflexão é uma prática fundamental para o aprimoramento contínuo. Ela envolve reservar um tempo para se conectar consigo mesmo, analisar suas ações e pensamentos e buscar maneiras de melhorar. Porque, com a autorreflexão, você pode identificar padrões de comportamento, áreas de melhoria e oportunidades de crescimento.

O autoconhecimento também permite que você identifique áreas em que precisa se desenvolver e busque maneiras de adquirir novas habilidades e conhecimentos. Desenvolver o autoconhecimento é um processo contínuo que pede alguma dedicação para observar a si mesmo. A boa notícia é que existem atividades simples que ajudam a progredir nesse processo de olhar para si e, aos poucos, vão se tornando hábitos saudáveis para o corpo e a mente. Acompanhe algumas delas a seguir:

- Que tal perguntar a si mesma sobre o que você gosta?
- Em quais lugares você se sente mais confortável?
- O que a deixa realizada e feliz?
- Quais são os seus valores?
- O que faz você levantar da cama todos os dias?

Essas e outras questões devem ser respondidas com sinceridade, dando base a um relacionamento saudável consigo.

Questione suas crenças

Existem crenças tão enraizadas na nossa mente que deixamos de questionar sua função, se são válidas ou não. É aí que mora o perigo, porque crescemos ouvindo crenças que tomamos como verdade e que podem nos limitar, e essas crenças atrapalham o crescimento pessoal e como gestor do seu negócio.

Dicas práticas e caderno de exercícios

Nessa atividade você fará uma autorreflexão sobre sua realidade atual e qual sua expectativa futura. Importante sempre agir com coragem, verdade e humildade. Preparado? Então vamos lá!

Comece fazendo uma análise de sua vida respondendo as seguintes questões do seu estado atual:

- Eu gosto de onde estou na vida?
- Estou recebendo os resultados que eu quero?
- Eu gostaria que minha vida fosse melhor?
- Como eu gosto de gastar meu tempo?
- Que história eu estive contando a mim e aos outros?

Anote tudo, leia, releia e vamos para a expectativa futura a seguir. Responda as perguntas da sua expectativa futura, pense com carinho em cada resposta.

- Como faço para ir daqui até onde eu quero estar?
- Como posso ser mais feliz?
- Onde eu estou com dificuldade?
- Onde posso ver a maior necessidade de melhoria?

Essas perguntas querem respostas. E é aí que sua jornada de crescimento pessoal e desenvolvimento começa. O autoconhecimento é um elemento fundamental para alcançar o sucesso no empreendedorismo, liderança e em todas as áreas da sua vida. Ao entender a si, suas habilidades, limitações e motivações, você poderá maximizar seu potencial de liderança, tomar decisões mais estratégicas e construir relacionamentos autênticos.

Desenvolver o autoconhecimento requer tempo e esforço, mas os benefícios são imensuráveis. Pois, ao se conhecer melhor, você se torna mais confiante, resiliente e motivado para enfrentar os desafios do mundo dos negócios. Então, invista em si, explore quem você é e abrace o poder do autoconhecimento em sua jornada de sucesso.

"A autodescoberta é a jornada mais importante que você pode empreender. Seja o autor da sua própria história de sucesso."

Andréia Medeiros

Cristiane Oliveira

Eu sou Cristiane Oliveira, natural de Bragança Paulista, onde resido, atualmente, com meu companheiro Giovanni, que é meu maior incentivador. Obrigada, meu amor, por ser tão especial e único.

Eu sou empreendedora, juntamente com minha família, no ramo do sorvete, no qual, há mais de trinta anos, uma mulher incrível e inspiradora começou a fazer gelinho para vender, e com muita dedicação e empenho, transformou-se na maior empresa de sorvetes da região. Obrigada, Janete, minha amada mãe, mulher inspiradora e empresária de um extraordinário sucesso e exemplo.

Também empreendo na construção civil, sendo sócia na GMO Construtora, especializada em construção com poliestireno expandido (EPS), levando mais segurança, conforto e inovação para os lares.

oficialcrisoliveira

+55 (11) 944490052

gmoconstrutora

sorvetesgarotas

4 O poder transformador da mulher visionária

por

Cristiane Oliveira

Imagine o seguinte cenário: uma vida feliz e realizada, com boas condições, esposo e filhos saudáveis, uma condição financeira confortável, podendo ir aonde quiser e fazer o que desejar. Até que chega a triste e preocupante notícia, um corte de pessoal na empresa que você trabalha e descobre que você está entre os nomes que serão dispensados. Ou, talvez, brigas constantes dentro de casa, descoberta de traições, abusos psicológicos e até ameaças chegam ao limite da convivência. De repente, a estabilidade que acreditava viver, acaba e você se vê diante de uma separação, agora carrega consigo a responsabilidade e o peso de sustentar sozinha sua casa, seus filhos, fornecer o necessário para a qualidade de vida aos seus e a você própria.

Esse cenário não é tão difícil de imaginar, concorda?! Afinal, ele é a realidade de cerca de 82% das empreendedoras, que tiveram como propulsor de início no empreendedorismo a necessidade, seja de ajudar na renda familiar ou até mesmo de fornecer todo o sustento para sua família.

Esse também é o contexto de uma importante personagem da história, entretanto com algumas dificuldades a mais, contando com as condições em que as mulheres eram colocadas em seu tempo. Não podiam ser donas de seus próprios negócios, seus provedores eram os maridos e se ficassem viúvas se viam na condição de pedintes, tendo seu sustento jogado à sorte.

Mesmo em meio a adversidades e aflições, vemos exemplos de mulheres fortes, estratégicas e visionárias, que através de sua sabedoria, determinação e atitude, transformaram não só seus cenários, mas os de toda uma geração que estava por vir. Talvez você já tenha ouvido falar desses nomes, ou até conheça essa história, afinal ela está no livro mais lido do mundo, sim, na Bíblia, mais especificamente no livro de Rute.

Estamos falando da história de uma mulher que se viu viúva ainda jovem, mas escolheu permanecer fiel ao lado de sua sogra, abrindo mão de voltar para casa de seus pais, foi morar em uma outra nação. Mas não iremos falar sobre Rute, de sua fidelidade e obediência, mas sim sobre ela, que mesmo em meio à dor e ao luto de perder seu esposo e seus dois filhos, manteve-se sendo uma mulher visionária: Noemi, uma mulher dedicada a cuidar da casa, seu esposo e filhos. Diante de tempos difíceis em sua nação, com muita fome e miséria, teve que tomar uma difícil decisão que mudaria sua vida, deixar tudo para trás e ir em busca de sustento e uma melhor condição para ela e sua família, em outra nação, cultura, povo, enfim, tempo de recomeçar.

O tempo passa e Noemi vê seus filhos crescendo, tornam-se homens e se casam com mulheres dessa nova e diferente nação. Após algum tempo, ela se depara com mais um grande e triste desafio, a morte de seu esposo, que não é só seu companheiro, mas também seu provedor. Porém, os desafios e tristeza de Noemi não acabam, além do luto pelo esposo, também passa pela dor e angústia da morte de seus dois filhos. De repente, Noemi se vê em um povo diferente, longe de sua família, viúva e agora sem seus filhos.

Sozinha em meio à tanta dor, agora é novamente momento de recomeçar, não com tanto entusiasmo, e provavelmente sem muitas expectativas, mas ela segue, decide voltar à sua terra natal, para perto de seus parentes, diz a suas noras para que voltem para casa de seus pais, mas Rute decide permanecer ao lado de sua sogra.

Ao chegarem à terra natal de Noemi, acomodam-se, porém, agora diante do desafio de conseguirem sustento. Ela, como uma líder nata que é, mulher visionária e estratégica, orienta sua nora Rute, para que vá pegar espigas que os colhedores deixam para trás. Diante do direcionamento de Noemi e da obediência de Rute, eis que surge uma oportunidade de recomeço. Boaz, o dono da plantação e parente distante de Noemi, vê Rute e se interessa por ela, manda que seus funcionários deixem mais espigas caídas para que ela possa pegar.

Oportunidades aparecem a todo momento, elas estão diante dos olhos, mas é preciso estar atenta para enxergar. Noemi, como mulher sábia e visionária, entendeu que havia uma oportunidade de recomeço para Rute, um novo lar, e para ela também, pois Rute seria fiel e cuidaria de sua sogra amada.

Logo, ela orientou como Rute deveria agir diante de Boaz; uma linda história de conquista e amor se inicia, afinal, em sua profunda sabedoria, ela sabia como Rute deveria se portar de maneira encantadora e respeitosa. Assim, Rute e Boaz se casam, uma nova família surge, não qualquer família, pois Rute seria avó de Davi, que viria a ser o maior rei de Israel e ainda mais, futuramente, da genealogia de Jesus.

De uma realidade de extrema dor e angústia, viúvas, sem perspectiva de futuro, não havia apoio de governo, tampouco de família, duas mulheres viram suas histórias serem transformadas. A dor e a desilusão transformaram-se em esperança e começo de uma nova história não só para elas, mas frutificou em um líder para toda a nação que estava por vir. Isso foi possível, pois havia uma mulher que se manteve com estratégia em busca de um futuro, mesmo em meio a sua profunda tristeza, como ela mesma disse: "Me chame de Mara, pois o Todo-Poderoso tornou a minha vida muito amarga" (Rute 1:21).

Uma história de tanto tempo atrás, mas que ilustra a realidade de muitas mulheres. Que diante da necessidade, seja por luto, relacionamentos abusivos, falta de estrutura, falta de condições, veem no empreendedorismo o escape, a esperança para um futuro melhor, ou simplesmente o socorro para o presente, pois mesmo as circunstâncias mais adversas podem ser o início de um futuro melhor.

Independentemente do motivo que a leve empreender ou pensar em começar a empreender, é necessário, primeiramente, ter uma visão do que e como fazer. Sejam produtos como doces, bolos, marmitas; sejam serviços como cabeleireira, estética etc. Entretanto, por mais que inicialmente a motivação seja uma necessidade, a médio e longo prazo, ter visão de futuro, de onde se almeja chegar e o que você deseja conquistar com seu negócio, torna-se essencial para permanecer no mundo dos negócios. Ser visionária é ter expectativas no que está por vir, independente das circunstâncias atuais.

Os desafios fazem parte do cotidiano de todas as empreendedoras, porém, o que diferencia as que persistem das que desistem é que aquelas têm visão para onde desejam chegar, afinal, como diz uma frase popular: "Quem não sabe para onde está indo, qualquer caminho serve!" Mas esse ditado não é a realidade da empreendedora que faz história, pois ela sabe para onde está indo e isso a leva ver como e com quem ela precisa estar para chegar lá.

Ser visionária é compreender o propósito de seu negócio, mesmo que inicialmente tenha começado por um sonho ou por necessidade. A partir de agora, você entende que o seu negócio não é só seu, ele faz parte da vida e da história de todos que são impactados por ele, direta ou indiretamente, pelo resultado ou por gerar inspiração a outras pessoas.

A partir do momento que uma empreendedora compreende que seu negócio gera transformação, ela entende o propósito pelo qual seu empreendimento existe. Ser visionária é querer levar a transformação que seu negócio proporciona ao maior número de pessoas possível, pois agora não é mais só sobre você.

Compreender com clareza o propósito de seu negócio, ou seja, o porquê, faz parte do processo que leva uma empreendedora a se tornar uma empresária. Saber o porquê é importante e diria que até essencial, afinal isso é o que lhe dará forças e ânimo diante dos novos desafios, por mais intenso que sejam.

Parte importante de ser visionária é entender que para chegar a um destino é preciso entender que há um caminho a ser seguido, tampouco estou dizendo que haja uma só forma, mas é compreender o "como" será realizado, pois ele complementa o "porquê".

Assim como Noemi, que viu que voltar à sua terra natal era a melhor opção no momento, ela tinha uma visão de futuro, afinal era a possibilidade de ser acolhida por seus parentes. Mas, ao chegar, também foi necessário pensar no "como", ou seja, ela compreendia que ali era a melhor opção para ter sustento e agora precisava agir com estratégia para conseguir o sustento.

Assim, também é com o empreendimento, você inicia algo, para que seu negócio prospere e prossiga, é preciso ter visão de futuro, ter expectativas, sonhos e metas. Mas, para alcançar tais objetivos, é necessário passar pelo "como" e isso consiste nos processos, operações, pessoas envolvidas, planejamentos etc.

Ser visionária não é se prender ao futuro, é compreender o impacto e transformação que gera no presente. É permitir-se sonhar com um futuro melhor, sim, mas consciente de que a transformação já está acontecendo, afinal, não se chega a grandes resultados sem que haja transformações no processo. Isso inclui transformações em você como mulher, pois empreender é ser transformada, ser uma pessoa em contínuo aprendizado e desenvolvimento. Mas, também, há transformação no ambiente, porque se empreender significa idealizar, realizar projetos, serviços e negócios com inovação, significa que o ambiente será transformado.

Ser uma empreendedora visionária, que acredita em seu negócio e se dedica para que ele aconteça, cresça e prospere, é ser uma mulher inspiradora. Isso significa inspirar e transformar, também, as pessoas que acompanham você nesta jornada, sejam suas colaboradoras, fornecedores e ou até as pessoas mais próximas como familiares e amigas, além de toda a comunidade como vizinhos, e por que não concorrentes?

Nesse momento, convido você, cara leitora, mulher, empreendedora a tirar um momento para analisar toda transformação que sua jornada tem gerado. Não só em sua vida, mas na história de tantas outras mulheres, com o resultado direto ou indireto de seu negócio, com seu direcionamento e, principalmente, com seu exemplo. Siga sua jornada com grande expectativa, vivenciando cada momento, mas principalmente, com a postura de mulher visionária que nasceu para transformar realidades.

Um abraço e uma feliz e realizada vida a todas nós!

"Ser visionária é querer levar a transformação, que seu negócio proporciona, ao maior número de pessoas possível."

Cristiane Oliveira

Dayane Peixoto

Eu sou Dayane Peixoto, casada, em um relacionamento de dezoito anos, temos dois filhos, o Davi e a Manuela.

Eu sou empresária, atualmente em processo de expansão, mentora, dentista e apaixonada por gestão de pessoas e liderança. Fiz uma transição de carreira chegando aos 30 anos, com uma mudança radical de gerente de multinacional para trabalhar com meu marido, e a partir daí entendendo que Deus não une pessoas e sim propósitos, foi a chave que se abriu para o meu caminho empresarial.

Por meio das dificuldades, pude entender melhor o ser humano, analisando o outro lado da liderança, pois assim, estive por 20 anos atuando em pequenas empresas e multinacionais, mais um sonho se realizando, e agora posso dizer que também sou escritora!

dayapeixotoo

daypeixotomentoria@gmail.com

+55 (43) 99805-9888

5 Os principais processos da gestão de pessoas

por

Dayane Peixoto

O ponto de partida da liderança intriga muitas pessoas, pois existe uma virada de chave de que todos falam, contudo, essa porta só se abre por dentro. Você vai saber aqui como se abre a porta da liderança e quais são os pontos-chave!

Já começo aqui de uma forma leve sem muitas formalidades porque, para mim, o simples funciona. Fiz a minha primeira faculdade de Administração aos 18 anos e, depois, perto de completar 30 anos, tomei uma decisão importante: fiz uma transição de carreira para me tornar dentista. Hoje, graças a essa mudança, sou empresária, além de mentora e treinadora de líderes espalhados por todo o Brasil.

Hoje, na minha base, tenho mais de duzentos colaboradores envolvidos diretamente e mais que o dobro, indiretamente. O mundo corporativo me rodeia há mais de vinte anos, mas este capítulo não é sobre minha biografia. Quero deixar o conhecimento que eu não aprendi na faculdade, mas sim na escola da vida!

O que a faculdade não conta são os desafios diários! O que é um desafio para você? Uma curiosidade: quando pensamos a respeito da raiz da palavra desafio, que tem sua origem no latim e vem da junção de duas palavras, descobrimos que ela assume o sentido de "afastamento da fé". Quando o nome afastamento da fé faz relação com um desafio, pois começo dizendo que tudo na minha vida é baseado em três pilares: trabalho, fé e família; no qual um sustenta o outro.

Muitas vezes, somos colocados em uma situação que exige a liderança "no susto", e, na gestão de pessoas, o papel principal do líder é agregar e fazer com que novos profissionais façam parte da empresa, contribuindo com resultados. E aí, começam os desafios.

Topa trocar a palavra problema por desafio? Para começar, questione os seus liderados. Existem algumas perguntas iniciais que podem ser feitas:

1. O que você mais gosta aqui nesse trabalho?
2. Quem é a pessoa que você considera mais engajada do time?
3. Se você pudesse mudar algo, o que mudaria?

Na liderança, você só consegue desempenhar bem essa função quando se conhece profundamente e quando aceita os seus defeitos. Por isso, venho fazer uma reflexão, se assim como eu, você é cheio de defeitos, a ideia é que você acolha seus defeitos, aprimorando e aceitando quando necessário. As pessoas amam você e odeiam você pelo mesmo motivo! Se você é destemido, *workaholic*, irão lhe chamar de teimoso; e eu li isso e nunca mais esqueci. Desta forma, tenha cuidado ao eliminar um defeito porque ele pode sustentar um edifício inteiro de qualidades.

Se você é intenso, é explosivo, aparecido.
Se você é realizador, decidido, é apavorado.
Se você é firme e objetivo, é grosseiro.
Se você é muito reservado, ixe!, é antipático.
Se você é muito amoroso, é carente.
Se tem vontade de viver, é ansioso.

Na liderança, precisamos saber nossas limitações e continuar a busca pelo equilíbrio! Você provavelmente se identificou com algumas dessas características, porque isso é mundo real, a diversidade de pessoas é que fica divertido e assim como você é feito de luz e sombra, eu também sou e, por consequência, nossos liderados também são. Ou seja, todos temos defeitos e qualidades! Você não precisa ser perfeito para inspirar, porque hoje a conexão é com pessoas reais. Então, você também pode inspirar pela simples maneira como você lida com suas imperfeições. Para gerar o engajamento das pessoas é preciso ser autêntico, a liderança atual não aceita outro estilo de gestão!

E você já parou para pensar qual é o seu sonho? Uma chave se abriu na minha mente: sim, é possível se diferenciar, é possível inovar em qualquer que seja a profissão. Venho estudando e vivenciando cultura empresarial há mais de dez anos, estamos falando de experiências! Aos poucos, fui ampliando os negócios e criando nossa cultura que, se bem aliados, trazem resultados significativos, o que sempre devemos buscar é nosso jeito de liderar! Minha bandeira defendida é a de que podemos, sim, divertir-nos trabalhando!

Toda empresa tem uma cultura pré-estabelecida. Se o líder não a define, o próprio time a constrói. Quando não há liderança, essa cultura pode não ser construída de forma consistente. A mudança só se realiza quando todos começam a praticar os novos valores e comportamentos e, assim, a cultura começa a ser redefinida.

Agora vem uma verdade difícil de engolir: você já tem uma cultura definida, pode não ser a que você gostaria, mas já existe, pode ser uma cultura de "não batedores de meta", de fofoca, de pessoas descomprometidas e isso foi se formando ao longo dos anos, sem ao menos você perceber, porque isso é o normal, agora, fazer diferente é que dá trabalho!

Implantar uma cultura de resultados, de pessoas comprometidas, dá trabalho, mas com certeza é recompensador e, por isso, se você está lendo aqui, porque se diferencia dos demais, vamos juntos solidificar a cultura na sua organização.

Então respire fundo, que vou ser o mais verdadeira possível, para que você não se assuste. Seguem quatro verdades que ninguém lhe contou:

1. É natural que cause ansiedade.
2. Questionamentos serão feitos.
3. Gera um mix de emoções.
4. Demissões acontecerão.

Eu sou filha de caminhoneiro e ele era um cara diferente, e é minha inspiração lá do céu, e a ele dedico esta escrita: devemos ser os melhores, buscar criatividade e entregar o melhor para as pessoas em nossa volta. **Cultura, processos** e **pessoas**, com esses três pilares, enxerguei oportunidade onde muitos enxergavam problemas!

Cultura é o que as pessoas fazem quando o líder não está presente. Processos são a metodologia e os meios utilizados que agregam as pessoas, como um planejamento ou a formação dos detalhes. Mas, antes dos processos, vêm as pessoas, e é aí que reside o grande desafio: a gestão dessas pessoas.

Não existe mais paciência no mundo corporativo, todo mundo quer, e quer agora! Mas quem está disposto a pagar o preço? Quem está disposto a dar *feedback*? Quem está disposto a receber *feedback*? Veja que existem os dois lados da moeda, são dois pontos de vistas diferentes. O *feedback* é valioso demais, poucos sabem fazer e poucos sabem receber. Criamos um curso, em que detalho em aula, como dar esse *feedback*, delegação e liderança na prática. A minha intenção com isso é agregar na vida das pessoas, recompensar e desenvolver novos líderes, e aos líderes "antigos", é proporcionar uma liderança mais leve e autêntica, mantendo cada vez mais o engajamento delas, tendo, sim, resultados financeiros.

A liderança não é palpável, mas o que para mim hoje tem mais valor é o que não se mede. Não há um medidor de líder, mas você consegue saber se uma liderança é boa por meio dos resultados alcançados. Finanças você aprende e ajusta, mas se não tiver liderança você perde tudo. Vendas você consegue ter as técnicas necessárias e assim se tornar um bom vendedor, porém, faz parte da liderança uma boa comunicação que é imprescindível para se tornar um bom vendedor.

Lembre-se, antes de processos vêm pessoas!

Sem pessoas não chegamos a lugar algum. Para finalizar aqui, de tudo que li e estudei e vivenciei até hoje na liderança, cheguei à conclusão que **liderar é se doar**.

Não existe ninguém bem-sucedido que não seja otimista!
Não existe nenhum bilionário que não fez alguém milionário.
Não existe nenhum milionário que não fez alguém rico!

O individualismo toma conta de uma geração de ansiosos que pensam primeiro em si. E você só se dá conta disso, quando realmente resolve ajudar outras pessoas da forma que você pode. A forma que vejo hoje é se conectar. Eu amo pessoas, algumas eu amo longe, confesso, ninguém aqui é perfeito e nem precisa ser, porque nossa imperfeição pode ser o que nos deixa autênticos e confiáveis.

Se você acredita que nós podemos nos conectar mais, não esqueça de me contar que temos algo em comum. Minha missão é conectar e empoderar, cada vez mais, pessoas a terem a vida que sempre sonharam. Quando recebi o convite para escrever para este livro, eu percebi que toda vez que eu verbalizo uma vontade em voz alta, Deus dá uma piscadinha e diz: "Vamos juntos nessa!".

Na pequena trilha da minha vida, quero deixar meu legado e agora mais um sonho se realizou, com palavras agrupadas, e nada disso poderia ser realizado sem auxílio do meu tripé: família, fé e trabalho, que são minhas bases e meu grande propósito de vida. Tudo por eles e para eles, sou apenas uma pessoa comum que não se contenta com o possível.

Busque mais, pois de gente mais ou menos, o mundo está cheio! Impacte o máximo de pessoas possível e comece com sua rede, comece pequeno e sonhe grande. Se você não pensar grande enquanto for pequeno, nunca será grande! Sou a pessoa mais encantadora ou desencantadora que possa existir, e tudo vai depender do seu ponto de vista, nunca se esqueça!

Como as pessoas amam você ou odeiam você pelo mesmo motivo, decida quem fica e escolha quem vai! Percebo que o "jeito Day" de ser, atrai muitas pessoas que estão na mesma frequência que a minha; mantém alguns e afasta uma quantidade interessante também... você se conhece a ponto de identificar isso?

A chave só abre por dentro, por mais que você busque conhecimento, enquanto não ouvir a voz do seu coração, o seu verdadeiro propósito vagará no meio de pessoas que sabem o que querem. Não seja um passageiro perdido e sem direção... queira o bem, busque e estude sobre pessoas, seja intenso e jamais perca sua essência!

"Se você não pensar grande enquanto for pequeno, nunca será grande!"

Dayane Peixoto

Débora Penteado

Eu sou Débora Penteado, 42 anos, nascida em Paulínia/SP. Mesmo com minha carreira consolidada como engenheira, uma gestação resultou em minha demissão após o retorno da licença-maternidade. Esse foi o ponto de partida para que eu me tornasse uma empresária de destaque em meu segmento de atuação.

Atualmente, administro um grupo de empresas, conduzindo meu próprio negócio de forma estratégica e estruturada. Estou à frente de uma empresa com mais de cinquenta colaboradores, dos quais 90% são mulheres e posso garantir que a discriminação que sofri não se repetirá com minha equipe. Visando atingir mais mulheres, além de minhas colaboradoras, criei a Mentoria Majoris, uma metodologia própria, que gerou resultados de alta performance para as minhas empresas; eu impulsiono o crescimento de milhares de mulheres em suas áreas de atuação.

deborapenteadooficial

+55 (19) 99969-8987

Débora Penteado Oficial

dbpenteado@gmail.com

6

Mentorias transformadoras

por

Débora Penteado

Antes de começar, eu gostaria de fazer uma pergunta a você: qual o seu medo? O que lhe impede de dar o primeiro passo e viver aquilo que tanto sonha e que lhe faz vibrar? Pare alguns minutos para refletir e responda para si mesma.

Tudo o que acontece em nossa vida é reflexo de nossas decisões, sejam elas tomadas ou não. Em 2017, após voltar da minha licença-maternidade, fui demitida de uma multinacional basicamente composta por homens, em que atuava há quatro anos. Nesse momento, eu enfrentei diversas dificuldades de recolocação, o que antes não havia enfrentado. Nas entrevistas, era nítida minha reprovação quando me perguntavam: "Você tem filhos?". Eu me desesperei, entrei em depressão pós-parto, chorava muito, olhava para a minha filha e não me conformava que aquele ser tão precioso era o motivo das minhas reprovas em entrevistas. Revoltei-me! Conversava muito com Deus, mas naquele momento me sentia desacreditada. Eu recebia várias ofertas de emprego ao longo da minha trajetória, o que tinha de errado em ser mãe? Lembro-me que em uma das minhas conversas, Deus me disse: "Use a sua experiência a seu favor". Eu não podia ficar parada esperando algo acontecer.

No dia seguinte, eu procurei uma contadora, abri um CNPJ e comecei a estruturar a minha consultoria. Em meio a tantas frustrações, ali nascia um sonho e tinha certeza de que daria todo o meu suor para ver a minha empresa crescer. Mas, um sonho não se constrói do dia para a noite, e diante de tantos desafios, eu tentava me manter firme para fazer com que a minha empresa alavancasse. Lembro-me de que todos os trabalhos que apareciam, eu abraçava muito feliz. Até aqueles que não valeriam um centavo, mas eu precisava sentir como era trabalhar novamente.

Precisei ser o comercial, financeiro, atendimento ao cliente, marketing, passei por todos os setores da minha empresa. Nessa fase, eu descobri muitos dons e talentos, entre eles o dom da liderança, da gestão de pessoas e processos, o dom de se doar ao próximo, o dom de ser quem eu sou na minha essência.

Também lembro que eu tinha o valor da minha rescisão e que essa quantia daria para sustentar os custos da minha empresa por mais três meses. Nesse momento, eu ouvia dos amigos mais próximos e familiares: "Débora, vai procurar emprego, empreender não é fácil, você tem uma filha pequena e precisa buscar segurança financeira".

Entrei no terceiro mês já desanimada e com vontade de desistir, pois o dinheiro havia acabado e os trabalhos que eu havia conseguido não dariam para pagar os custos da empresa, então comecei a pensar comigo: "É você, por você. Se deixar o barco afundar, o sonho acaba, se continuar remando, verá a luz que tanto busca mais adiante". Continuei a remar em direção à luz que eu não via, mas sabia que estava lá, esperando-me.

Nesse meio tempo, tive uma proposta aprovada, da qual eu receberia uma quantia considerável durante um ano, isso me deu uma grande motivação para continuar. Uma luz apareceu lá no final do horizonte. Então, comecei a estruturar os processos da minha empresa, investi em marketing e vendas, contratando pessoas, investindo em *softwares* e treinamentos, comecei a visitar as empresas oferecendo meus serviços, então as propostas foram sendo aprovadas. Quando você cria uma empresa com valores bem estabelecidos, dos quais você acredita que seu produto ou serviço tem valor e não somente preço, quando você conhece seus processos, valoriza as pessoas e tem amor no que faz, qualquer empresa que você prospectar vai desejar o seu produto ou serviço.

Ser uma empreendedora de sucesso é saber lidar com o sucesso e o fracasso ao mesmo tempo, é necessária muita resiliência para administrar os altos e baixos.

Daí em diante, minha empresa só foi crescendo. Em 2021, durante a pandemia do covid-19, minha empresa cresceu 300%. Hoje, tenho duas empresas no lucro real, faturando mais de sete dígitos. Minha empresa se chama Apta. Todas nós, mulheres, estamos aptas ao trabalho, aptas a sermos capazes de trabalhar e termos filhos, cuidarmos da casa, da família, de nós mesmas, de sermos empresárias. Dentre os cinquenta colaboradores que tenho atualmente, 90% são mulheres, mães, profissionais qualificadas e comprometidas na entrega dos resultados. Isso se chama sororidade!

Além disso, um dos valores da minha empresa é valorizar o capital humano, levando-se em consideração o profissional e, acima de tudo, a capacidade de absorverem todos os valores que hoje fazem da minha empresa uma referência, não só em questão de qualidade, mais de valorização humana.

Entre várias ações da Apta estão as ações sociais. Hoje, maio de 2024, vivenciando o estado de calamidade do Rio Grande do Sul, eu tenho a alegria de poder registrar aqui neste capítulo, que enviamos a terceira carreta carregada com trinta toneladas de mantimentos, mais de mil cobertores e roupas de frio para as pessoas que estão sofrendo com a situação climática do estado. Pergunto-me se precisaria fazer todo esse movimento, sendo que o governo tem subsídios para tal. A resposta é sim, eu preciso! Quando você se doa de coração ao próximo, quando você sente a dor do outro, quando o seu coração se alegra em ajudar, é Deus mostrando o seu propósito e os planos dEle para a sua vida. Tudo o que Deus faz em nossa vida tem uma explicação, uma razão, o que você precisa fazer é silenciar e ouvir. Acredito muito que quando nós fazemos pelo próximo, criamos uma alma bem-sucedida e as bênçãos vêm em dobro para nós, eu sou a prova viva de que tenho recebido.

Ao longo desses anos notei que a soma de superação, persistência e resiliência me colocaram no degrau em que estou hoje e que a coragem é algo treinável, incorporado, absorvido, quando você entende que o seu propósito precisa ser cumprido.

Levando-se em consideração toda a minha trajetória até aqui, senti a necessidade de olhar para as mulheres e, de alguma forma, poder contribuir com toda a minha vivência empresarial e humana para que elas possam se encorajar a mudar suas rotas e redirecionar seus sonhos. Então, eu criei a Mentoria Majoris, uma metodologia própria e certamente eficaz, aplicada em minha empresa. Eu impulsiono o crescimento de milhares de mulheres em suas áreas de atuação. A Majoris possui todas as ferramentas para você alcançar novos patamares no seu negócio.

Apresento, a você, os quatro pilares da Mentoria Majoris:

1º Pilar: Desenvolvimento pessoal

Acredito muito que para mudar algo em nossa vida é preciso, antes de tudo, realizar uma investigação sobre nós mesmas, para mudar crenças e bloqueios que nos impedem de avançar rumo ao nosso sonho. Neste pilar, cada mulher conhece, detalhadamente, as suas necessidades, limites, sua personalidade. Além disso, desenvolvo a capacidade destas mulheres para criar resiliência e inteligência emocional para lidar com diversos desafios.

Uma mulher, para se tornar referência, tem que entender que não é sorte, é empenho, dedicação e muita disciplina. Existem dois tipos de pessoas no mundo: aquelas que se dedicam ao seu sonho, concentradas em fazer acontecer e as que estão acompanhando o sonho das outras pessoas, vendo a vida passar e reclamando que não tem sorte. Qual delas você quer ser?

2º Pilar: Mapa da empresária de alta performance

Neste pilar, eu apresento todas as ferramentas e o passo a passo para criar sua empresa do zero. Como definir seu nicho de mercado, o público-alvo, a gestão de processos, os objetivos, as metas, os indicadores etc. Aqui, a empresária aprende a se tornar uma líder de valor.

3º Pilar: Estratégias digitais e vendas

Neste pilar, você aprende que a sua empresa só cresce se você estabelecer diretrizes corretas para aplicar o marketing e vendas em sua empresa. Neste pilar são abordados temas como presença digital, formas de divulgação do seu produto ou serviço, *inbound* e *outbound marketing*.

4º Pilar: Fórmula das empresárias de sucesso

É preciso entender que a ambiência diz muito sobre nós e sobre prosperidade. Quando você está no lugar certo, com pessoas certas, é certo que o sucesso lhe encontrará. Neste pilar, apresento as estratégias consolidadas de mulheres que fizeram do seu negócio um império e quais as formas que fizeram essas mulheres prosperarem no mundo empresarial.

Para saudar essas mulheres que encararam o medo e se encorajaram a viver o seu propósito com resultado, eu criei o Majoris Experience, um evento de empreendedorismo feminino criado para mulheres que desejam criar conexões estratégicas para impulsionar o seu negócio, ampliando oportunidades, absorvendo conhecimentos e criando *networking* com outras mulheres, em diversos níveis.

Majoris é uma estrela hipergigante, localizada na constelação Canis Major. É considerada a maior estrela já encontrada. Atualmente, ela compõe o grupo das maiores estrelas conhecidas. A mulher quando se torna Majoris encontra dentro de si a grandeza e o poder de uma verdadeira estrela brilhante.

Encontro você na minha constelação, até breve!

"A mulher, quando se torna Majoris, encontra dentro de si a grandeza e o poder de uma verdadeira estrela brilhante."

Débora Penteado

Denise Assis

Eu sou Denise Assis, natural de Fortaleza/CE, onde resido com meu esposo Denis e minhas filhas Maria Clara e Sara. Eu sou formada em Direito, com mestrado em Direito Constitucional e MBA em Gestão Empresarial, mas foi no empreendedorismo que descobri minha verdadeira vocação.

No Grupo Call Med e na Call Dreams realizo a missão de desenvolver pessoas pela liderança. Criei uma comunidade que auxilia mulheres a cuidarem mais da saúde física, emocional e espiritual. A espiritualidade é um pilar importante na minha jornada e isso se tornou um valor dentro do meu negócio. Pratico meditação, yoga e tenho um sentimento profundo de responsabilidade para com o meu próximo, em especial, as mulheres.

deniseassis

DeniseAssis

denise@callmedce.com.br

+55 (85) 99687-9999

7 Vontade de vencer

por

Denise Assis

Nasci em uma família pequena onde eu era filha única e, como toda criança, encontrei nos meus pais a inspiração para me motivar a crescer. Minha mãe era servidora do Departamento Nacional de Obras Contra a Seca (DNOCS) e meu pai um jovem trabalhador de um banco público, que depois seguiu para a carreira na indústria farmacêutica. Ambos vieram de família humilde e lutaram bastante para fazer do nada, o tudo, sem nenhum recurso ou ajuda. Apenas o estímulo diário de dar o melhor para mim.

Minha mãe era meu porto seguro e minha grande companheira de todos os momentos. Ela se doava no dia a dia para me acompanhar em todas as rotinas e me ensinava muito sobre a importância do planejamento, organização e economia. Tudo o que ela fazia era muito pesquisado e sempre realizava suas atividades com bastante excelência. Meu pai, por sua vez, era um empreendedor nato. Abraçou todas as oportunidades que surgiam em seu caminho. Ele era sinônimo de trabalho e sempre seguiu em busca do crescimento e desenvolvimento. O seu principal objetivo era melhorar nossa qualidade de vida.

Porém, de repente, nossa família passou por um evento impactante e inesperado: a morte abrupta de minha mãe em um acidente de carro. Com apenas dez anos de idade, por um instinto de sobrevivência, eu desenvolvi a capacidade de me adaptar às mudanças e superar obstáculos da vida. A partir daquele momento, eu iniciei uma nova jornada ao lado do meu pai e juntos tivemos um grande objetivo: vontade de vencer!

Seja protagonista do seu destino

A dor de perder minha mãe foi inevitável. De repente, minha vida mudou completamente: nova rotina, casa, família e forma de viver. Vivi a real experiência de passar pelo fundo do poço. No entanto, naquele lugar percebi que era possível encontrar água e novas figuras surgiriam na minha história para me ajudar a escalar a corda e voltar para o chão. Naquela situação, eu vi formas diferentes de enxergar minha realidade e que aquilo não significaria o fim, mas um recomeço.

Passar por essa fase não foi fácil. O processo de transformação da dor passa, necessariamente, pelo luto. Há momentos em que estamos completamente mergulhados no sofrimento. Outras vezes, nos deparamos com o novo cotidiano e a vida retoma sua "normalidade". A tarefa mais sensível dessa fase do luto foi reestabelecer a conexão comigo mesma, com a minha mãe e a experiência compartilhada com ela.

Tudo pode morrer, exceto o amor. Sua imortalidade se fez por todas as lembranças positivas que tivemos ao lado dela. O amor por ela foi o grande responsável pela transformação da dor em reconstrução. Graças ao seu legado, eu tive forças para me reerguer. Tudo o que aprendi com ela permaneceu dentro de mim e fez com que eu tivesse a energia necessária para seguir em busca dos meus sonhos.

Nessa nova jornada, tive o apoio não somente do meu pai, mas de minha madrasta e meus familiares. Ganhei uma nova família e encontrei neles o cuidado, o conforto e a segurança para me estimular a ter fé na vida e em mim mesma.

As lágrimas foram uma ferramenta poderosa para tornar fértil o meu solo de reestruturação. Mesmo mergulhada na dor, uma voz interna me dizia: você vai conseguir! Compreendi a profundidade de minha existência com os desafios, medos e inseguranças daquele novo inesperado. Percebi, aos poucos, que o destino estava nas minhas mãos e que precisava acreditar que eu era a protagonista da minha história. E, para isso, eu desenvolvi ferramentas tão poderosas quanto o amor: a fé e o perdão.

Fé e perdão para seguir em frente

Fui lapidada na base da superação, todo esse processo de aperfeiçoamento foi muito importante para que eu pudesse seguir em frente e dar a volta por cima. Esse processo somente foi possível porque existiam dois pilares muito importantes: a fé e o perdão. Ambos foram herança dos meus ancestrais que, desde muito nova, plantaram em mim a semente da espiritualidade.

Nasci em uma família de princípios cristãos onde a oração e conhecimentos bíblicos foram plantados e semeados. Então, a espiritualidade fazia parte da minha rotina e isso me conectou com Deus de uma forma muito íntima e pessoal, desde muito nova.

Parecia que Deus já me preparava para enfrentar um grande desafio, mesmo sendo tão pequena. Eu não enxerguei aquela dor como castigo, tampouco não me sentia amada. Pelo contrário, tudo o que passei me fazia sentir mais confiante de que eu não estava sozinha. Além do amor genuíno do meu pai e familiares, a todo momento, sentia Deus ao meu lado nos grandes e pequenos detalhes. Acreditava que existia uma força interior muito poderosa e que Ele era o maior responsável por essa fortaleza.

Em muitos momentos, a sensação da presença divina era tão intensa que poderia escutar perfeitamente o que Ele tinha a me dizer. Muitas vezes, eu percebia a ação de Deus sendo confirmada e se validavam por meio de pessoas que se dirigiam a mim e confirmavam o que a voz do Céu me falava. E isso foi fundamental para eu alimentar o amor e o perdão.

Por isso, tenho plena certeza de que, quando compreendemos a ferramenta poderosa que o ato de perdoar nos traz, constatamos que o peso da mágoa atrapalha nossa evolução e nos prende a um passado que corrói nossa alma. Eu me comprometi com o perdão, perdoei a minha história e, com esse gesto, a vida se reeditou para que eu encontrasse novos caminhos. Essa descoberta me trouxe pessoas e oportunidades valiosas para reconstruir minha jornada.

A fé me proporcionou o perdão e esse me deu a energia necessária para superar todos os desafios e vencer. Até hoje, quando acontece um desafio na minha vida, consigo perceber que terei um amparo de Deus e que o desafio me devolverá, na mesma proporção, o resultado alcançado. Não tenho medo de passar pelos vales, pois sei que eles me levarão aos picos.

Essa força interior também foi muito alimentada por algo fundamental: o amor-próprio. Ter compaixão comigo mesma e nutrir esse sentimento de me amar foram responsáveis pela resiliência de suportar a dor do processo em esperança de que algo bom eu iria colher mais na frente.

A importância do amor-próprio e da resiliência para a vitória

Ao me libertar de todos os ressentimentos e mágoas decorrentes dos obstáculos da vida, consegui perceber e fortalecer em mim o amor-próprio. A autoestima contribuiu para a minha capacidade de ser mais resistente diante das provações. Por meio do amor-próprio, foi possível encontrar dentro de mim os recursos necessários para sair de ambientes ou situações difíceis. Por esse motivo, considero o amor-próprio sinônimo da resiliência. Somente quem se ama, verdadeiramente, tem a capacidade de saber compreender que existe um tempo para tudo e, assim, conseguir se adaptar e mudar.

É impossível passarmos despercebidos na vida quando nos permitimos olhar para si próprios. A vida sempre encontra um caminho para nossa sobrevivência e é preciso confiarmos em Deus, e em si, para deixarmos que Deus coloque as coisas no seu devido lugar. E foi exatamente isso que aconteceu na minha história. Eu me deixei ser guiada por Deus, nutri o amor-próprio e tive paciência para enfrentar a fase difícil. Afinal, minha esperança de que eu iria superar tudo aquilo e vencer era algo muito visível em minha mente.

Isso não significou que essa jornada foi simples e fácil. Foram muitos os percalços enfrentados. Porém, quando percebi que eu era a autora do meu destino e que eu era amada por Deus, tive uma visão clara do meu futuro. Não estagnei, segui em frente. Por essa escolha de viver em plenitude, consegui enxergar alternativas que tornam viáveis as mudanças. É como se, a cada passo que dei em prol da mudança, houve um novo passo para meu desenvolvimento.

Por isso, considero a ação de sair do estado atual o primeiro grande passo para a mudança e é imprescindível que tenhamos autoconfiança de nos sentirmos capazes de realizar. Esse sentimento precisa ser nutrido por nós, pois virão situações e pessoas que podem nos colocar à prova da nossa capacidade. Porém, quando temos amor pela nossa vida e nossa história, essas situações não irão nos paralisar.

Quando nos amamos verdadeiramente, esse amor se torna contagiante e faz com que tenhamos um sentimento profundo de responsabilidade coletiva. Amar-se faz a gente se sentir grande. Foi esse sentimento de amor por mim e pelo outro que me fez encontrar na jornada empreendedora a minha missão em fazer com que as pessoas enxerguem a grandeza de quem elas são.

A empreendedora que tem vontade de vencer

Tudo o que passei na minha vida tive um aprendizado que foi responsável para me preparar ao amadurecimento. Parece que a vida se encarregou de me aperfeiçoar para a minha missão aqui neste mundo. A minha dor se transformou em superação para passar pelos problemas e aproveitar oportunidades.

Eu não tenho dúvidas de que os desafios que eu enfrentei e obstáculos que venci foram os maiores impulsionadores para que eu pudesse me encontrar no empreendedorismo. Empreender significa usar a própria competência e autonomia para gerar valor, assumindo riscos de desafios. Por isso, considero que somente é possível se tornar um empreendedor se estiver aberto a cair e levantar. É sobre desenvolver, diariamente, a confiança necessária de acreditar em algo que nem todo mundo acredita. É ter fé em si e na vida e saber esperar o momento certo para alcançar o resultado almejado.

Existe uma jornada muito bonita para quem empreende, no entanto, ela é repleta de altos e baixos. E quando carregamos em nós o sentimento da fé, do perdão e do amor, cresce o desejo de transformar não somente a nossa vida, mas a realidade de outras pessoas, da sociedade e do mundo.

É a vontade de vencer que nos faz sair do lugar de sofrimento, aprender e ensinar outras pessoas a encontrarem o seu melhor caminho. Por isso, desejo que você não desista. Tenha amor pela sua história, construa algo bom para você e para o mundo. Assim estaremos realizando o real sentido de quem empreende: usar o nosso propósito para transformar outras vidas.

"É a vontade de vencer que nos faz sair do lugar de sofrimento, aprender e ensinar outras pessoas a encontrarem o seu melhor caminho."

Denise Assis

Créditos: @ws_fotografias.

Elenilda Rocha

Meu nome é Elenilda Rocha, mais conhecida como a "Menina das calcinhas", sou filha amada de Deus, esposa do Cleber Rocha e mãe da Verônica. Resido em Ariquemes/RO.

Eu sou empreendedora há quatro anos, vendedora há quinze anos, psicóloga e aluna do Café com Destino. No ano de 2022, fui premiada em 1º lugar como "Mulher de Negócios" pelo Sebrae, representando o estado de Rondônia na categoria MEI (Microempreendedora Individual). Sinto que tenho uma responsabilidade, um legado a servir e cumprir com mulheres empreendedoras. Tenho como missão de vida contribuir no crescimento e desenvolvimento de mulheres por meio do empreendedorismo, compartilhando a minha história e experiências.

elenilda.rochaa

+ 55 (69) 99382-5367

ponto_dascalcinhas

ferreiraelenilda773@gmail.com

8 De empreendedora a mentora

por

Elenilda Rocha

O início de tudo...

Primeiramente, gostaria de dizer que me sinto feliz e honrada por você estar aqui comigo. Antes de compartilhar minha jornada de empreendedora à mentora, gostaria de expressar brevemente a minha história, iniciando na minha infância. Por volta dos meus dois a três anos de idade, meus pais se separaram e, sem condições de cuidar de mim e da minha irmã, deixaram-nos com a minha avó no sítio.

Meus pensamentos resgatam-me memórias de uma vida simples e difícil no campo, a casa era simples, não tinha energia elétrica, tampouco água encanada. Tenho lembranças da floresta, dos pastos, do riozinho no qual lavávamos as roupas, das cobras que me assombravam e das onças que atacaram e quase mataram o meu avô. Trabalhávamos na roça, por vezes colhendo café, e tenho memórias da casa distante, no meio da mata, com um aconchegante fogão à lenha, e que ao lado, tinha uma espécie de "palanque" que configurava como nossa cama para dormir. Tínhamos que andar três quilômetros para conseguir pegar o ônibus e ir para escola. Tudo o que vivi no sítio com meus avós, minha irmã e com meus tios, Marcos e Mateus que, carinhosamente, lembro-me com muito amor, carinho e respeito, moldaram quem sou hoje, tive muito momentos felizes e agradeço a Deus pela vida de cada um.

Por volta dos nove anos de idade, minha mãe já com maiores condições, buscou-nos, eu e minha irmã, para morarmos com ela, enfim, fomos para a cidade. Ela ensinou-me o valor do trabalho e do estudo, tem uma história de resiliência que, com toda certeza, inspirou-me a vida toda.

Comecei a trabalhar com quinze anos no salão da minha mãe, fui manicure por dez anos; eu amava atender às minhas clientes, concomitantemente, eu aproveitava para vender alguns produtos para elas, me tornei "sacoleira", vendia joias, lingeries etc. Nesse período, cursei Psicologia, eu sempre tive um sonho de fazer uma faculdade, e, aos 25 anos, estava recém-formada. No início de 2020, fui contratada por uma clínica e estava atuando como psicóloga. Eu sentia que tinha encontrado o meu propósito, no entanto, no fundo eu sentia que algo faltava, não estava completa. Alguns meses depois, veio a pandemia do covid-19 e a clínica fechou. Eu me vi sem saber o que fazer, lembro-me que o medo e o pânico assolaram o país e o mundo.

Então, por necessidade, decidi vender alguma coisa para sobreviver durante a pandemia, pensei: "Por que não calcinhas?". Toda mulher ou quase toda usa e quando ela pensar em calcinha, ela tem que lembrar do Ponto das Calcinhas.

De sacoleira a empreendedora

Fiz um investimento de mil reais e comecei a vender as calcinhas on-line, fazia as entregas e continuei atendendo meus pacientes em outra clínica. Depois de algum tempo, o meu quarto virou o depósito das calcinhas, dormia todos os dias na casa do meu namorado, Cleber, que atualmente é o meu esposo, também psicólogo. Decidimos nos casar, e na nossa futura casa, que carinhosamente meus sogros construíram para nós, tinha um espaço que parecia uma oportunidade de abrir uma pequena loja física.

Queridas leitoras, eu fiquei seis meses pensando no que iria fazer: vou seguir a minha carreira como psicóloga ou apostar num futuro incerto com meu empreendimento das calcinhas? O medo permeava o meu ser: "E se eu fracassar? E se não der certo? O que as pessoas vão falar?". A insegurança era a minha maior companheira, eu tinha medo de decepcionar as pessoas, pois eu tinha que deixar o status de ser psicóloga, para ser vendedora de calcinhas. Alguns me diziam: "Como assim? Você estudou tanto!", "Você vai mesmo querer recomeçar?"

Eu tinha que fazer uma escolha, e embora tivesse apoio do meu esposo, cabia só a mim a decisão. Eu imagino que você já saiba qual foi a resposta, pois hoje eu estou aqui escrevendo para você e foi a minha história empreendedora que me trouxe aqui e que vem inspirando outras mulheres a empreender. Eu encontrei a minha missão de vida, a completude, mas para isso acontecer, eu tive que vencer a mim mesma e lutar contra os meus maiores medos, tive que conhecê-los, abraçá-los e seguir com eles, porém, sendo sua aliada, sendo sua amiga, os compreendendo e os vencendo. Mas, por vezes, fico me questionando: quantas pessoas estão com a sua mente aprisionada no medo e deixando de empreender, de viver o extraordinário?

De empreendedora a mentora

Eu tenho a convicção que estou criando um império das calcinhas. Tenho o costume de dizer que ainda sou pequena, mas os meus sonhos são grandiosos. Da mesma forma como o Ponto das Calcinhas transformou a minha vida, eu desejo que transforme a vida de muitas outras mulheres, não apenas das nossas costureiras, mas também das nossas revendedoras sacoleiras. Eu tenho orgulho da minha história, quero que elas também tenham e, assim como eu, alcancem os seus sonhos por meio de nossas calcinhas. Que possam olhar com amor para cada uma de suas cicatrizes, para suas dores e conquistas. Eu me descobri empreendedora no processo de muita dor e vontade de desistir e hoje o meu propósito é fazer com que outras mulheres também se descubram e não desistam.

A minha missão de vida, a que preenche o meu ser por completo, é contribuir no crescimento e desenvolvimentos de mulheres por meio do empreendedorismo, compartilhando a minha história e experiência. Criei dois projetos na minha empresa: Calcinhas Solidárias e Mulheres Extraordinárias. O primeiro tem como objetivo arrecadar calcinhas para mulheres e crianças em situações de vulnerabilidade, tendo em vista que calcinhas é algo intransferível. O segundo é um projeto sem fins lucrativos, no qual tem como missão contribuir com o crescimento de mulheres da nossa região norte.

Como empreendedora, eu aprendi que quem suporta o processo alcança o sucesso. É necessário ter muita inteligência emocional, compreender nossas emoções para crescer, é preciso conhecer a nós mesmas, para nos vencermos dia após dia ao empreender, vencer nossas inseguranças, pensamentos negativos, crenças de rejeição, abandono, fracassos... A coragem e a ousadia devem estar na veia de todo empreendedor. A vontade de vencer precisa estar alojada na sua alma. Busque conhecer a si mesma...

Eu aprendi que o espiritual, independentemente da sua religião, precisa estar fortalecido dentro de você. Deus já entregou as minhas promessas, Deus já mostrou o meu futuro e se eu não desisti até hoje, com certeza, primeiramente, é por Ele, que cuida de mim nos detalhes e pelas vidas que serão impactadas e transformadas, eu creio. Eu sou imensamente grata a Deus pela vida do Tiago Brunet, por entregar tanto, por amar tanto as pessoas, por se doar, por salvar tantas vidas e, com certeza, eu fui uma delas. A minha janela espiritual foi aberta, a minha alma resgatada, e a cada dia a minha vida com Deus é selada para viver as suas promessas.

Eu também aprendi que vender é diferente de empreender, e que o conhecimento transforma. Mesmo eu sendo uma excelente vendedora, eu tive que aprender a empreender, a fazer a gestão do meu negócio, a olhar o mercado de forma diferente, buscando encontrar nas dificuldades oportunidades. Sou imensamente grata ao Sebrae, sobretudo ao Sebrae Delas por todas as oportunidades de crescimento disponibilizadas pela instituição e também, quero parabenizar toda equipe pelo excelente trabalho quem vem desenvolvendo para empreendedores na minha cidade.

Segundo Gomes (2001), o empreendedor é um líder que toma iniciativa, tem autoridade e faz previsão. É um importante agente de criação de novos negócios e consequentemente, de desenvolvimento econômico. Ele ainda afirma que quanto mais o sistema de valores de uma sociedade distinguir positivamente a atividade empreendedora, maior será o número de pessoas que tenderão a optar por empreender.

Ou seja, o fato de eu estar aqui compartilhando com você a minha história empreendedora, possibilita que muitas outras pessoas possam decidir empreender. Confesso que os desafios são muitos, lembro-me, em especial, de um momento bem difícil, no qual eu estava prestes a desistir, estava assistindo uma live de Flávio Augusto, em que ele disse: "Não desiste, porque daqui algum tempo, pode ser você aqui do outro lado inspirando outras pessoas". Naquele dia, eu chorei muito e decidi recomeçar mais forte dentro do meu empreendimento, para mim os recomeços no empreender são necessários, pois é ver de uma forma diferente, é ressignificar o momento, a dor, a dificuldade, é encontrar, de fato, a oportunidade na adversidade. Recomece quantas vezes for necessário, empreendedora! Aproximadamente um ano se passou, e aqui estou escrevendo e inspirando mulheres, tornei-me mentora de empreendedoras.

Segundo David Claerbout (*apud* Carneiro, 2021):

> *o mentor é um indivíduo mais experiente, disposto a compartilhar conheci-*

> *mento com alguém menos experiente, dentro de áreas previamente estabelecidas em um relacionamento de confiança mútua.*

Caio (2021) ainda afirma que o mentor é aquela pessoa que você se inspira, que você gosta da linha de conduta, de trabalho, raciocínio e que tenha resultados. Acrescento ainda, que para se torna mentor, você precisa, primeiro, ter mentores, viver o processo. Gratidão a todos os meus mentores.

A partir da minha experiência prática e teórica, desenvolvi uma mentoria, Empreenda MEI: cinco pilares para se tornar uma empreendedora extraordinária. Voltada para mulheres que estão começando o seu negócio e que desejam empreender. Abordo os cinco pilares que identifiquei como primordiais para eu crescer enquanto empreendedora, sobretudo na categoria MEI, que são: **mentalidade empreendedora, essência, persistência, resiliência e autoconfiança; comportamentos empreendedores** e, por fim, **propósito**.

Tenho a premissa de que esses cinco pilares são a base, o alicerce, que vai dar estrutura para iniciar e continuar o seu negócio. Assim como o rei Davi era o menor de seus irmãos, eu era uma improvável, alguém que não era a mais esperta da turma, tampouco a mais inteligente, mas eu sempre fui persistente, aprendi a lidar com meus medos e a ser amiga da coragem. Por isso, convido você a caminhar comigo nesta jornada, eletrizante e desafiadora de empreender, a ter ousadia para conhecer e vencer a si mesma, dia a após dia. E aí, empreendedoras, vamos caminhar juntas? Vai ser um prazer crescer com vocês!

Referências

CARNEIRO, Caio. *Entenda a diferença de mentoria, consultoria e coach*. Disponível em: https://www.youtube.com/watch?v=SlRXKD_PtBE. Acesso em: 5 jul. 2024.

GOMES, Almiralva Ferraz. *O empreendedorismo como alavanca para o desenvolvimento local*. Bahia, 2001. Disponível em: http://periodicos.unifacef.com.br/rea/article/view/192/44. Acesso em: 5 jul. 2024.

"Quem suporta o processo alcança o sucesso, empreendedora."

Elenilda Rocha

Evelise

Eu sou a Evelise. Empreendedora de sucesso desde que nasci, em 1993, em um domingo de Dia dos Pais, no dia 8 de agosto. Hoje, eu sou empresária, dona de 24 empreendimentos, que juntos somam 147 colaboradores empreendendo para alcançarmos um faturamento de mais de 25 milhões por ano.

Eu acredito em sonhos, acredito que os impossíveis só são impossíveis até que alguém os torne possíveis e que para tudo tem um jeito, acredito em pessoas, em processos, métodos, rotinas, planos e ideais, no poder da visualização, da palavra, da fé, da crença e das afirmações e da motivação. Eu acredito na ciência, no poder dos livros e do empreendedorismo, acredito principalmente em Deus e que quando Ele entra em qualquer equação, a conta se transforma em resultado positivo.

@empreendelise

9 Empreenda em todas as áreas da sua vida

por

Evelise

Em abril de 2022 veio à minha mente a seguinte afirmação: "Toda mulher nasce empreendedora". Eu não sei dizer hoje, em maio de 2024, momento em que escrevo estas palavras para você, o porquê exatamente pensei nessa frase, mas posso dizer com toda certeza, que acredito muito nela. Quando recebi o convite para participar deste livro, lembrei-me disso no mesmo instante, afinal, a jornada da mulher empreendedora começa quando ela age como uma empreendedora, mesmo que ela não saiba o significado de empreender, ou que saiba que está empreendendo. Isso é tão profundo quanto sentimentos que temos mesmo sem entendê-los ou quando fazemos coisas que não sabemos o que são, mas fazemos. Eu acredito que empreender está instalado em todas nós, como se fosse um item de série que já vem incluso na fabricação.

Talvez você tenha comprado este livro buscando se tornar uma empreendedora, talvez você não se veja assim hoje, e isso que falei parece não ter sentido algum, mas eu vou lhe mostrar que faz sentido sim. Para entender melhor este conceito precisamos mergulhar no significado de empreender.

Numa pesquisa rápida no Google você vai encontrar:

> *Empreender: (verbo) 1. transitivo direto: decidir realizar (tarefa difícil e trabalhosa); tentar. "e. uma travessia arriscada" 2. transitivo direto: pôr em execução; realizar. [...] Origem em*

> *latim: imprehendo ou impraehendo, is, di, sum, ĕre 'tentar executar uma tarefa'.* (Oxford, 2024)

Só de ver essa definição eu tenho certeza que você consegue enxergar que toda mulher realiza e precisa realizar tarefas difíceis ao longo de nossas jornadas. Você pode ver que empreender tem pouco a ver com o mundo empresarial em si, e muito mais a ver com o mundo real como um todo, incluindo os negócios, claro, mas muito mais a ver com as decisões que tomamos todos os dias, como fazemos o que fazemos. Essa é uma mentalidade que faz com que gente enfrente circunstâncias, como vemos além delas, é o que faz que a gente execute algo, mesmo que muitas vezes pareça impossível, é assim que vemos mulheres corajosas enfrentarem perigos, terem filhos, dedicarem-se a eles, recomeçarem tantas vezes, com apoio ou sem, vemos mulheres que conseguem ter inúmeras jornadas, trabalhando fora, em casa, em seus casamentos, relacionamentos, em suas famílias, igrejas, projetos sociais, em si mesmas e umas nas outras.

Eu nunca conheci uma mulher que não fosse empreendedora, mesmo que ela nunca tenha tido uma empresa ou qualquer tipo de negócio. Toda vez que ouço de uma mulher, palavras como: "Ah, se eu fosse empreendedora assim!" ou "Ah, se eu tivesse uma visão empreendedora", ou "Ah, se eu soubesse empreender" e diversas outras variações de afirmações como essas; eu olho para a vida dela e identifico coisas que ela faz com maestria e dedicação, mostro para ela o real significado de empreender e como ela já está repleta de atitude empreendedora, e que se ela apertar um botão que eu chamo de "Emprendelise", em qualquer área da vida dela, ela poderá alcançar níveis cada vez maiores de sucesso nas suas vidas como um todo.

Mas o que é esse botão "Emprendelise"? Vou te explicar de uma forma fácil de entender também. Você lembra que teve a onda da "gourmetização"? Foi assim, existia uma hamburgueria normal, padrão, como várias outras, ela passava por uma transformação de imagem, de posicionamento, mudava algum processo de fabricação de seus hambúrgueres, e pronto! Não era mais uma simples hamburgueria, mas sim uma "Hamburgueria gourmet". Um negócio mais valorizado, tanto por clientes quanto pelos próprios donos, pois parecia ter um valor maior, tinha gosto de valor maior, e se apresentava de uma forma com muito mais valor, e de fato era algo muito mais valoroso. Isso aconteceu com diversos ramos de negócios. O botão "Empreendelise" é parecido com o botão *gourmet*. Você o aperta e a área da sua vida que você o acionou, transforma-se em um jeito empreendedor, em processos, imagem, importância, relevância e valor.

No mundo corporativo, nós seguimos alguns padrões e processos, por exemplo: planejamento, *checklists*, balanços, horários, contratos, pagamentos, concorrências, reuniões, capacitações, cortes, lucros, missão, valores, objetivos, metas, identidade visual, qualidade, gráficos, cultura etc. Todas essas ferramentas que usamos nos negócios, podem e devem ser aplicadas em todas as áreas de nossas vidas. Imagine que eu sou uma empresa, o empreendimento Evelise Ltda. Nesse negócio que sou eu, eu sou a dona, a colaboradora, a investidora, a administradora etc. Meu horário de funcionamento é 24 horas por dia, e essas horas são também um dos meus maiores recursos, e é responsabilidade minha usar todos os recursos que eu tenho, todos os dias. A forma como eu uso cada minuto do meu dia me dará possibilidades diferentes, que podem me fazer ter lucro ou prejuízo, que podem me fazer estagnar ou avançar, eu posso convidar colaboradores para investir seu tempo e recursos em mim, enquanto eu também invisto o que eu tenho neles, afinal é impossível empreender sozinho.

Nessa corporação Evelise, exemplo que estamos acompanhando, existem vários setores como: espiritual, corpo e saúde, trabalho, financeiro, família, relacionamentos e outros, cada setor precisa estar em dia com suas atividades para que a corporação como um todo funcione bem, se um setor vai mal, toda a "empresa" vai mal. Os valores, cultura e objetivos precisam ser constantemente relembrados para que a empresa como um todo não saia da rota e não se perca com interesses aleatórios. Nessa empresa, o seu único concorrente sou eu mesma, por isso focalizo sempre nas minhas melhorias internas. A identidade visual da Evelise precisa estar de acordo com meus valores e objetivos, passar a mensagem condizente ao que a empresa tem como "slogan" de cultura e ideais, cada departamento tem a hora certa de funcionar, de ser organizado, priorizado, e pausado, em cada um deles eu aplico *checklists* que ajudam minha empresa a estar sempre organizada e com processos bem definidos.

Enfim, eu poderia dar inúmeros exemplos de como transformar a minha vida num olhar empreendedor como no mundo corporativo, eu faço isso todos os dias há muito tempo, mas vou deixar que você mesma faça isso, a partir de agora, na sua vida.

Olhe para sua vida agora, seguindo esses passos que descrevi e até outros que vierem à sua mente, coloque o seu nome no empreendimento mais importante que você poderia ter, você, e vá passeando em todos os aspectos da sua vida como se estivesse num grande prédio comercial com muitas salas, cada uma delas é uma área da sua vida, e em cada sala está quem e o que contribui nessa área, em cada sala dessas, está tudo o que já foi atingido nesse setor e tudo o que você ainda quer atingir, com gráficos e demonstrativos bem construídos e detalhadamente claros, e lá no alto na sala da diretoria está o planejamento geral, com a visão geral, e você pode ver tudo o que precisa fazer para que o seu negócio seja cada vez mais bem-sucedido.

Se você conseguiu fazer esse exercício, você conseguiu acionar o botão "Empreendelise". Esse botão acionado faz você ver e agir de maneira profissional e empreendedora, não só nos seus negócios monetários, mas na sua vida como um todo. Se você olhar para a sua vida com a mesma seriedade que olha para um trabalho corporativo, no qual você cumpre prazos, horários e metas, e ganha para isso, você conseguirá empreender em todas as áreas da sua vida e alcançar níveis cada vez mais altos e extraordinários. Pense bem, se você olhasse para a maternidade como olha para uma grande corporação respeitável e com muito potencial de resultados surpreendentes, que roupa você usaria? Como se organizaria? Colocaria metas? Avaliaria o tempo que tem investido? Planilharia tudo o que tem ganhado? E no seu casamento? Investiria mais tempo de forma intencional? Faria "reuniões" de alinhamento para que todos os envolvidos tenham clareza do que precisam ajustar para alcançarem o que querem? E na sua casa? Como organizaria as tarefas, de um modo que os processos façam sentido e funcionem com todos os integrantes dela? E sua saúde? Se comprometeria a cuidar desse setor que pode influenciar positivamente ou negativamente em todas as outras áreas da sua vida? E no espiritual? Você continuaria olhando para isso de vez em quando, quando sobra tempo? Ou colocaria horário e tempo definidos, no local adequado para aproveitar o máximo que puder?

Olhe sua vida como um todo, olhe para ela por partes, aperte o botão "Empreendelise" e visualize como empreender e profissionalizar cada área e, consequentemente, sua vida inteira, eu tenho certeza que com esse botão apertado e sua visão ajustada, você vai encontrar uma forma de ir para próximo passo da sua jornada rumo ao próximo sucesso que está buscando.

Eu não sei se alguma vez você olhou para sua vida dessa perspectiva, eu sei que foi essa perspectiva que me trouxe onde eu estou hoje; eu não nasci rica, nunca estudei em escola particular, morei de favor em várias casas, minha família não era estruturada, usei roupas usadas ganhadas até começar a trabalhar com 15 anos, para ajudar em casa e buscar realidades melhores. Peguei muito transporte público, estudei à noite e arrisquei todo o pouco que conquistei para abrir meu primeiro negócio, do qual derivam todos os outros que tenho hoje no ramo ótico. Há mais de dez anos, estou no ramo de fazer as pessoas enxergarem melhor e tenho sentido um chamado cada vez maior de fazer as pessoas enxergarem melhor, não só com produtos ópticos mas também em todas as áreas de suas vidas, pois quem enxerga melhor, tem mais ideias, alcança mais coisas e vê a vida e possibilidades que nos levam mais longe, mais alto e nos faz viver melhor.

Espero ter alcançado pelo menos um pouco de uma qualidade de visão melhor com você, e se você quer saber mais sobre essa filosofia de vida, entre nas minhas redes sociais, acompanhe meus conteúdos e conheça o guia EDS. Ele foi preparado justamente para guiá-la nos primeiros passos para sua jornada empreendedora, ajudando a alcançar seus objetivos e qualidade de vida hoje mesmo.

Referência

Dicionário de Definições de Oxford Languages.

"Eu nunca conheci uma mulher que não fosse empreendedora, mesmo que ela nunca tenha tido uma empresa ou qualquer tipo de negócio."

Evelise

Flaviana Moreira Garcia

Eu sou Flaviana Leticia Ramos Moreira Garcia, natural de Cuiabá/MT, atualmente resido em Porto Velho/RO, mãe do Felipe, 6 anos e do Lucas, 3 anos.

Advogada especialista em Direito e Processo do Trabalho, sócia fundadora do escritório Moreira Garcia & Weis Advogados Associados, sócia da empresa NortCob Cobranças, sócia investidora da *startup* NetCard, palestrante, diretora da ACEP – Associação Comercial e Empresarial de Porto Velho e vice-presidente do CMEC PVh – Conselho da Mulher Empreendedora e da Cultura de Porto Velho, secretária da Comissão Especial de Empreendedorismo e Inovação da OAB/RO. Advogada e conselheira voluntária da AMA/RO – Associação dos Pais e Amigos dos Autistas de Rondônia.

flavianamoreiragarcia

Flaviana Moreira Garcia

flaviana@moreiragarcia.adv.br

10 Saindo da zona de conforto

por

Flaviana Moreira Garcia

Nascida em Cuiabá/MT, filha caçula de três irmãos, Flaviana cresceu em uma família de valores simples e trabalho árduo. Desde cedo, observou a dedicação incansável de seu pai e de sua mãe batalhadora, que lhe ensinaram a importância de preservar os valores e lutar pelos seus objetivos.

Desde cedo, percebeu que sua jornada seria pavimentada por desafios que exigiriam mais do que apenas seguir o caminho já trilhado.

Primeira saída da zona de conforto: o trabalho no camelô

A escola se tornou o palco onde Flaviana brilhava, liderando com naturalidade e destacando-se acadêmica e socialmente. Sua infância e pré-adolescência foram marcadas por desafios que iam além dos muros da escola, especialmente quando a estabilidade financeira da família foi abalada pelo desemprego do pai. A ajuda veio de uma tia, que comprou duas bancas de camelô e uma lanchonete para a família, jogando Flaviana em um mundo de responsabilidades adultas, mas que se revelaria fundamental em sua formação.

Foi ali, entre a organização das bancas e o atendimento na lanchonete, que Flaviana começou a entender o valor do trabalho duro e da iniciativa própria. Essa experiência foi sua primeira grande lição de empreendedorismo, ainda sem entender que esse duro e prematuro aprendizado mudaria a história de como enxergaria as dificuldades e desafios da vida.

Flaviana, desde muito jovem, compreendeu que apenas ela tinha o poder de transformar o rumo de sua vida. Sem poder contar com apoio financeiro ou conselhos de terceiros, suas atitudes e decisões ao longo da jornada foram moldadas por um profundo sentimento de inquietude e insatisfação com sua realidade financeira. Sempre almejou mais e nunca esperou nada de ninguém; ela simplesmente foi lá e fez acontecer.

Segunda saída: o primeiro emprego formal

A adolescência trouxe consigo a oportunidade de um primeiro emprego formal, em que um simples sorriso e um "bom dia" entusiasmado abriram as portas para o mercado de trabalho. Em razão de sua dedicação em tudo que faz, Flaviana foi contratada pela empresa onde atuava como menor aprendiz, lá deu o seu melhor e logo foi promovida, mesmo ainda não possuindo todos os requisitos do cargo, pois nunca se limitou e sempre acreditou em suas habilidades.

Após ser efetivada e progredir na carreira, Flaviana enfrentou uma das primeiras decisões mais difíceis de sua vida: deixar um emprego estável, com bom salário e benefícios, como reembolso de 50% da faculdade que cursava, para perseguir seu sonho de trabalhar na área jurídica. Essa escolha não foi apenas uma saída de sua zona de conforto; foi um salto para o desconhecido, guiado pela paixão pelo Direito, motivado pelo desejo de fazer a diferença na vida das pessoas pela justiça e pela crença em seu potencial.

Terceira saída: a decisão pelo Direito

A aprovação no primeiro exame da OAB veio como a confirmação de que estava no caminho certo, mas a realidade do mercado de trabalho logo se impôs. O primeiro emprego como advogada pagava menos do que sua posição anterior de estagiária, mas Flaviana sabia que estava construindo os alicerces de seu futuro. Pois soube, naquele momento, que a hora era de aprender e não de ganhar dinheiro, sabia que com conhecimento o jogo poderia mudar. Sua determinação a levou a uma instituição financeira, onde rapidamente se destacou, mas a visão de um futuro previsível e limitado a fez questionar seu caminho.

Quarta saída: deixando o emprego estável

Recém-formada e advogada de uma das maiores instituições financeiras do Brasil, parecia ter chegado ao seu ápice, uma jovem advogada com um bom salário fixo por mês, benefícios como plano de saúde, alimentação, refeição, PLR etc., e em ascensão profissional.

Flaviana começou a viver experiências ainda não vividas e dedicou-se ao aperfeiçoamento pessoal e profissional que futuramente seriam úteis para diferenciar-se no mercado jurídico, proporcionando aos seus clientes mais que soluções jurídicas, orientações e conselhos estratégicas sobre seus negócios.

Aproveitou todas as oportunidades de assumir atribuições e responsabilidades e, em menos de dois anos na empresa, já havia sido promovida a coordenadora jurídica e estava sendo treinada para assumir o cargo de gerência jurídica. Enquanto lutava para equilibrar trabalho, estudo e cuidados com a família, ela nunca perdeu de vista o seu objetivo maior: criar um futuro melhor por meio do próprio esforço.

Quinta saída: empreendendo em Direito

Sua busca incessante por conhecimento e sua paixão pelo que fazia a levaram a perceber que já não se via mais no mesmo lugar. Não se enxergava mais como advogada/coordenadora/gerente jurídica daquela instituição financeira, queria novos desafios, liberdade para exercer sua criatividade e alçar grandes voos. Decidida a seguir seu próprio caminho, Flaviana abandonou novamente um emprego estável e seguro para o incerto, abrir seu próprio escritório de advocacia.

Mesmo sem um plano definido, ela confiou em sua capacidade e determinação, e logo conquistou seus primeiros clientes.

O início foi difícil, como para muitos advogados recém-formados, mas em pouco tempo conquistou clientes e contratos que garantiam uma certa estabilidade financeira.

Sexta saída: mudança para Porto Velho

O escritório estava indo bem na cidade onde nasceu, mas o destino de Flaviana já estava traçado, pois ainda como advogada de banco, vislumbrou um oceano azul de oportunidades na cidade de Porto Velho/RO, onde já conhecia, em razão da atuação como advogada celetista, mas não possuía qualquer vínculo.

O sucesso não tardou, e a mudança para Porto Velho representou o início de um novo capítulo, cheio de desafios, mas também de realizações significativas. A mudança definitiva para Porto Velho, no início do ano de 2014, representou não apenas uma mudança geográfica, mas uma transformação completa em sua vida pessoal e profissional. Esse passo não apenas definiu sua carreira, mas também a estabeleceu como uma figura respeitada no campo do Direito.

Flaviana deixou para trás o conhecido, apostando tudo em uma nova cidade, sem redes de apoio estabelecidas e sozinha. Essa decisão corajosa abriu portas para novas oportunidades e desafios, consolidando sua reputação como advogada e empreendedora.

Sétima saída: vivendo o sucesso

Cada capítulo da vida de Flaviana é marcado por momentos em que ela escolheu enfrentar o desconhecido, arriscar e crescer. Sua história é um testemunho do poder da coragem, da determinação e da crença inabalável de que é possível moldar o próprio destino, mesmo quando o caminho à frente é incerto. Flaviana não apenas saiu de sua zona de conforto; ela a expandiu, transformando cada novo desafio em uma oportunidade para avançar ainda mais.

Mesmo quando o caminho parecia difícil, Flaviana nunca desistiu. Ela enfrentou desafios financeiros, buscou conhecimento incansavelmente e construiu sua carreira passo a passo. Sua dedicação e paixão pela advocacia abriram portas que ela jamais imaginaria, levando-a a posições de destaque.

Hoje, divide-se entre a maternidade e a vida profissional, é sócia fundadora de um dos maiores e mais reconhecidos escritórios de advocacia de Rondônia, é convidada para realizar diversas palestras sobre empreendedorismo e sua história inspiradora recebeu diversos prêmios reconhecidos local e nacionalmente, é investidora em *startups*, sócia de uma empresa de cobrança e ocupa cargos em associações que elevam o empreendedorismo no estado, além de atuar como advogada e conselheira voluntária da Associação dos Pais e Amigos do Autista em Rondônia.

Mas o verdadeiro sucesso de Flaviana vai além de conquistas profissionais. Ela é uma empreendedora visionária, uma líder inspiradora e, acima de tudo, uma pessoa que nunca esqueceu suas origens. Seu compromisso com a família, sua generosidade para com os outros e sua capacidade de superar adversidades fazem dela um exemplo de determinação e resiliência. Flaviana é prova viva de que, com coragem e perseverança, podemos transformar nossos sonhos em realidade.

Ao longo do percurso, Flaviana aprendeu lições valiosas, como a importância de acreditar em si mesma, de se manter resiliente diante das adversidades e de nunca desistir dos seus objetivos. A vida é feita de desafios, mas também está repleta de oportunidades para crescer e evoluir.

A história de Flaviana é mais do que uma narrativa de superação; é um convite para que cada um de nós reconheça o potencial dentro de si e se atreva a sair da própria zona de conforto, em busca de um futuro em que o sucesso é definido não apenas pelo que conquistamos, mas pelo impacto que causamos no mundo ao nosso redor.

"É possível, com coragem e perseverança, transformar nossos sonhos em realidade."

Flaviana Moreira Garcia

Gabriela Soares

Eu sou Gabriela Soares, publicitária. Comecei a empreender em 2017 e o impacto digital veio em 2019, quando venci a timidez e comecei a me posicionar falando sobre criatividade, marketing e planejamento. O digital reacendeu a paixão por ensinar, desenvolvi minha primeira palestra e foi com essa atitude que fui vista por outras empresas. Em seis anos, realizei mais de 100 palestras, mais de 300h de curso para órgãos públicos e consultoria para o Sebrae.

Em 2022, ganhei o prêmio Sebrae Mulher de negócios. Estrategista, palestrante, mentora, especialista comportamental, CEO da BE MKT e CCL para empreendedoras. Sigo meu protagonismo com muita fé, coragem e persistência. Com a missão de ser guia para empreendedoras no seu posicionamento.

gabsoaresrr

gabsoaresrr@gmail.com

+55 (95) 98121-2620

11 Do zero ao sucesso no empreendedorismo digital

por

Gabriela Soares

Sempre fui uma menina tímida, introspectiva, curiosa e muito sonhadora. Minhas brincadeiras eram cheias de imaginação, iguais aos desenhos que assistia. Junto com a adolescência, chegou a era digital. Além dos filmes e séries, passei a consumir *blogs* e *vlogs*. O meu eu curioso vibrava em cada clique, era como se eu estivesse descobrindo um novo mundo. A partir disso, decidi cursar Comunicação Social com habilitação em Publicidade e Propaganda, e, antes mesmo de entrar na faculdade, aos 16 anos, comecei a trabalhar com minha família em nossa padaria e supermercado. Essa experiência inicial me ensinou muito sobre responsabilidade, gestão e os desafios do empreendedorismo.

Eu acreditava que com o avanço da idade e as novas responsabilidades, eu me tornaria uma pessoa mais corajosa, extrovertida e confiante. No entanto, o curso não impediu que a timidez continuasse sendo um obstáculo. O medo de falar em público me atrapalhava, e minha insegurança em apresentar trabalhos era uma fonte de grande ansiedade. Esse sabotador interno frequentemente me fazia duvidar das minhas próprias capacidades. Em momentos de reflexão, eu orava muito, pedia que essa timidez saísse de mim, que eu fosse a pessoa que queria ser: corajosa.

Quase no final do curso, entre 2014 e 2015, apaixonei-me por planejamento estratégico e sabia que essa era a área que queria seguir, e enquanto desenvolvia meu trabalho de conclusão de curso, que teve como tema “O uso da plataforma Instagram”, naquele momento eu senti que queria ter a minha agência de publicidade.

O sopro de ter o meu próprio negócio surgiu ali, durante aquele projeto acadêmico, e eu soube que estava no caminho certo para transformar minhas paixões em uma carreira. Mal sabia eu que só conseguiria realizar esses sonhos quando vencesse meu pior inimigo: a síndrome da impostora.

O caminho para o empreendedorismo

Concluí a graduação com a certeza de que teria o meu próprio negócio. No entanto, aquela voz interna gritava: "Você não consegue sozinha." Nesse momento, procurei por pessoas para encararem esse sonho comigo, procurei, chamei e esperei, mas o tempo passou e meu sonho esfriou.

Com meus pais já fora do negócio, entrei no mercado de trabalho como CLT. Durante esse período, adquiri experiência com atendimento ao público e vendas. Quanto mais o tempo passava, mais o digital avançava, e isso me deixava frustrada, pois eu não estava fazendo o que queria fazer e, principalmente, como queria fazer. Diariamente, eu pesquisava sobre as novas profissões que surgiam com o digital, o *social media* era algo muito novo, as pessoas nem sabiam explicar o que era. Foi quando tive o meu primeiro ato de coragem: decidi sair do CLT e arriscar no empreendedorismo.

Sou forte e corajosa, sou empreendedora

O ano era 2017, eu era jovem e cheia de possibilidades. Confesso que não sabia exatamente o que fazer, mas tinha coragem, vontade e uma clara visão de onde queria chegar. Pesquisei muito sobre como iniciar e decidi começar de forma autônoma. Foi o meu momento de "Tá com medo? Vai com medo mesmo", e fui em busca dos meus primeiros clientes. Como tudo que requer "começar" na vida, a parte mais desafiadora é sair da zona de conforto. Inicialmente, busquei por conhecidos e amigas que estavam empreendendo. Apesar de tudo ser muito novo para mim, sempre acreditei no que poderia entregar de resultados. Aprendi a me vender e a posicionar minha marca no mercado.

Durante o dia, ia atrás de fechar novos contratos e, à noite, me capacitava com o pouco conteúdo que encontrava na internet. Em um mês empreendendo, já gerenciava a conta de três empresas. 2017 foi minha virada de chave sobre: comece com o que você tem.

Minha vida empreendedora não começou com um grande investimento; não tinha muito dinheiro, mas, por sorte, contava com o apoio da minha família e com pouco dinheiro guardado. A vontade de ter uma vida diferente era mais forte do que qualquer medo. Depois de muita pesquisa e dedicação, finalmente registrei meu CNPJ, oficializando meu sonho de ser uma empreendedora digital.

O amadurecimento das ideias

Conforme conquistava mais clientes, percebi que minha visão de agência grande se transformou em uma "EUgência". Como todo empreendedor iniciante, aquele acúmulo de funções. Foi nesse momento que surgiu o desejo de compreender o funcionamento interno de uma agência.

Em 2018, recebi um convite para trabalhar em uma agência de marketing digital de Roraima, onde assumiria o cargo de planejamento. Quando uma oportunidade assim surge, é preciso estar pronto para aceitá-la. Encarei o desafio e foi assim que conheci como funcionava todos os setores de uma agência.

Comecei atendendo uma conta pública e, à medida que o tempo passava, eu crescia cada vez mais dentro da agência que havia me contratado. Deixei de atender apenas contas públicas e passei a planejar para clientes comerciais. Em poucos meses, assumi o cargo de coordenadora do setor de planejamento.

Os meses foram passando, percebi a necessidade de organizar minha própria agência. Já havia validado meu método e percebi que o que fazia era similar ao que as grandes empresas realizavam. Foi então que surgiu a minha primeira sociedade. Finalmente tinha encontrado a pessoa que tanto procurava.

Ter uma sociedade com alguém é como ter um relacionamento; por isso, busquei alguém com quem já tinha um vínculo de amizade. Sonhamos juntas e inauguramos a nossa agência.

Com grandes responsabilidades, vêm grandes desafios. A necessidade de estar sempre on-line ou conectada fez com que eu percebesse o lado negativo da profissão. Ouvi tanto que "o digital não dorme" que, por um momento, esqueci que eu não era uma máquina. Tive minha primeira crise de ansiedade. Lidar com tudo isso não foi fácil, mas também não me fez desistir.

A transformação

Eu estava cada vez mais empenhada em fazer dar certo, mas ainda carregava muito daquela criança tímida dentro de mim. A insegurança muitas vezes me fazia esquecer das minhas próprias conquistas.

O ano de 2019 marcou minha segunda virada de chave, de forma inesperada: postei no meu Instagram um tutorial criativo e muitas pessoas comentaram e queriam mais. Foi assim que surgiu o quadro semanal #DicadaGabsRR. Comecei a criar uma audiência interessada em aprender e ouvir o que eu tinha a dizer. Inicialmente, abordava dicas criativas, depois passei a falar sobre funções nos *stories*, até chegar ao ponto de falar sobre marketing e planejamento.

O desejo de ensinar pessoas a alcançarem o protagonismo digital era cada vez mais forte e assim fui criando meu propósito de marca. Eu já tinha uma audiência significativa no digital, mas queria transformar isso em algo maior, queria ensinar pessoalmente. Foi então que decidi ministrar uma palestra, uma ideia que me assustava e empolgava ao mesmo tempo. Palestrar? Eu, aquela garota tímida? A ideia de levar meu conhecimento além das telas e inspirar diretamente outras pessoas parecia o próximo passo natural, mesmo sendo um grande desafio para mim.

A palestra foi no Sebrae, gratuita, e atraiu um público de 25 pessoas. A partir desse momento, eu fui notada, e os convites para outras palestras começaram a chegar.

Tempos depois eu notei que precisava tomar uma decisão importante para seguir em frente. Decidi pedir o desligamento da agência onde trabalhava e desfazer a sociedade que tinha, para focar totalmente no meu *branding*. Mudanças eram necessárias. Foi o meu momento de sair do casulo e começar a viver novas possibilidades e desafios.

Assumindo o meu protagonismo

Estava me posicionando como protagonista da minha história, capacitando-me, dando o meu melhor e crescendo constantemente dentro da minha empresa. Atendia grandes marcas, fechava novos contratos para ministrar palestras e cursos. Porém, em 2020, senti que o brilho de "fazer o que eu amo" estava se apagando. Enfrentei medos dos términos, do futuro e das perdas, mas transformei esses medos em motivação para superar os desafios. Foi então que minha terceira chave virou: eu podia ajudar ainda mais mulheres, então, eu criei um evento para as mulheres empreendedoras notarem que não estão sozinhas nessa jornada. Ali, senti a resposta das minhas orações, lembrei de tudo que aconteceu para que eu chegasse até aquele momento. E, a partir disso, eu sabia que aquele sentimento sabotador não me pertencia mais. Meu coração transbordou com uma mensagem: "Você não nasceu para ser coadjuvante, você nasceu para ser protagonista da sua história. Você é forte e corajosa, acredite!".

Ser uma empreendedora digital é iniciar uma jornada cheia de desafios. Durante essa jornada, aprendemos que fazer escolhas é necessário. Além disso, a jornada envolve um contínuo desenvolvimento pessoal e uma curiosidade absurda de aprender cada vez mais. E, principalmente, a busca pela fé, que nos serve de guia e nos faz acreditar em nossa capacidade. Sempre levo comigo o versículo: "Não fui eu que ordenei a você? Seja forte e corajoso! Não se apavore nem desanime, pois o Senhor, o seu Deus, estará com você por onde você andar" (Josué 1:9).

Minhas definições de sucesso foram se expandindo e evoluindo ao longo da jornada, isso me ajudou a definir o meu propósito de marca: guiar mulheres ao protagonismo de sucesso no digital. Como reconhecimento desse trabalho, em 2022, recebi o Prêmio Sebrae Mulher de Negócios, em primeiro lugar, na categoria MEI.

Para finalizar, quero compartilhar alguns pontos essenciais para uma jornada de sucesso: não tenha medo, tenha clareza dos seus objetivos, não se compare aos outros, faça *networking* eficaz, esteja nos ambientes certos e cuide da sua saúde física e mental. Sempre pergunte-se: "Qual legado estou construindo?". Desenhe a vida que você deseja alcançar. Assim como eu, você é forte e corajosa. Nunca se esqueça de que a chave para o sucesso está dentro de você. Planeje, execute e analise os resultados. Vá em frente, ouse sonhar alto e transforme seus sonhos em metas. O mundo digital está repleto de oportunidades esperando por você.

"Você não nasceu para ser coadjuvante, você nasceu para ser protagonista da sua história. Você é forte e corajosa, acredite!"

Gabriela Soares

Isabel Schinaider

Eu sou formada em Serviço Social, pós-graduada em Administração, Comunicação Social e Oratória. Tenho especialização em MBA em Gestão de Eventos, Neurociência e Comunicação em Ambientes Corporativos, Desenvolvimento Profissional e Segurança, Planejamento e Resposta de Emergência em Eventos de Grande Porte. Com 24 anos de solidez, acumulei amplo conhecimento e capacitação no planejamento e execução de eventos exclusivos e memoráveis.

Superei desafios, aprimorei habilidades e estabeleci relações duradouras com meus clientes. Toda essa expertise me capacita a oferecer soluções personalizadas para cada evento, refletindo meu compromisso com a excelência.

isabelschinaider.eventos
Isabel Schinaider
Isabel Schinaider
+55 (19) 98881-3330

12 *Networking* eficaz: transformando reputação em conexões de sucesso

por

Isabel Schinaider

A jornada de uma assessora de eventos

Hoje, quando olho para trás, há 24 anos, quando iniciei minha jornada como empreendedora e assessora de eventos, não tinha a menor compreensão da importância do *networking*. Concentrava-me, principalmente, em aprimorar minhas habilidades técnicas e na execução impecável dos eventos, sem perceber que as conexões que eu fazia poderiam ser tão cruciais quanto a entrega de um evento impecável.

Estabelecer-me no mercado sem uma rede de contatos sólida, e numa época em que este ramo de atividade era muito pouco conhecido e valorizado, fez-me enfrentar uma das maiores dificuldades: o crescimento e ampliação do serviço em outras cidades. Sem conexões significativas, era desafiador conquistar novos clientes e projetos mais ousados. Muitas vezes, via-me em competição desigual com profissionais que tinham uma rede estabelecida, o que impactava diretamente na estagnação da minha empresa.

Evoluindo com excelência

Acredito, que neste momento, você deve estar se perguntando, por que eu, como estrategista de eventos corporativos, estou falando de *networking*?

Quando comecei, tinha apenas um sonho e a determinação de fazer a diferença no mundo dos eventos. Os primeiros eventos que organizei foram pequenos, mas cada detalhe era cuidadosamente planejado. Lembro-me do primeiro casamento que organizei. Os noivos estavam nervosos, temendo que algo pudesse dar errado. Trabalhei arduamente para garantir que todo o momento fosse perfeito e quando vi os rostos felizes dos noivos ao final da noite, soube que estava no caminho certo.

Foi nesse momento que percebi a importância da excelência. A satisfação dos meus clientes além de me motivar, gerava recomendações espontâneas e a partir daquele casamento, recebi inúmeros novos contatos.

Construindo a marca pessoal

Com o tempo, entendi que minha reputação era o meu maior ativo. Investi em aprimoramento profissional, participei de *workshops*, cursos de especialização e conferências e me mantive atualizada com as tendências do setor. Cada evento era uma oportunidade de aprender e de demonstrar a minha capacidade de entregar sempre mais do que o esperado.

Um dos marcos na minha carreira foi a organização de uma grande conferência corporativa. Foi um divisor de águas. Os desafios eram enormes: centenas de participantes, palestrantes internacionais e uma agenda apertada. Foram meses de preparação, cuidando de cada detalhe e a satisfação dos participantes e organizadores consolidou a minha reputação no mercado corporativo.

Padronização de qualidade

Meu compromisso com a excelência tornou-se o diferencial da minha empresa. Cada evento era uma nova oportunidade para demonstrar profissionalismo e dedicação. Com o tempo, comecei a notar um padrão: os clientes voltavam e indicavam meus serviços para outros. A boa reputação que eu havia construído tornou-se uma rede de segurança e de crescimento contínuo.

Entendi que a excelência não era apenas uma meta, mas um processo contínuo. Investi na formação da minha equipe, garantindo que todos estivessem alinhados com os valores de qualidade e confiança que eu prezava. A comunicação transparente e o *feedback* constante eram ferramentas essenciais para manter a qualidade dos nossos serviços.

A força da reputação

A reputação não é apenas uma medida de sucesso; é a base sobre a qual se constrói uma forte rede de contatos. No mundo dos eventos, onde a confiança é primordial, ela abre portas e cria oportunidades. Clientes satisfeitos tornam-se embaixadores da sua marca, recomendando seus serviços a outros potenciais clientes.

Uma reputação começa com a construção de relações genuínas. Fornecedores, parceiros e clientes apreciam a confiabilidade e a consistência. Quando você entrega resultados excepcionais repetidamente, as pessoas se lembram, são gratas por isso e compartilham suas experiências. Minha rede de contatos cresceu exponencialmente porque a cada pessoa que eu encontrava e impressionava com meu trabalho se tornava um elo nessa corrente de recomendações.

A força da minha reputação abriu portas que eu jamais imaginaria. Fui convidada para organizar eventos de grande porte, incluindo galas beneficentes, lançamentos de produtos e celebrações corporativas. Cada novo projeto era uma oportunidade de reafirmar meu compromisso com a excelência e de continuar construindo uma marca forte e confiável.

Compreendi a relação simbiótica entre reputação e experiência como sendo um aspecto fundamental do sucesso profissional, especialmente dentro do intrincado cenário do planejamento de eventos.

O **networking** *como estratégia de eventos corporativos*

No mundo dos eventos corporativos, que ao longo desses anos somam quase dois mil eventos realizados e mais de um milhão de pessoas atendidas, o *networking* foi uma das ferramentas mais poderosas para o sucesso. A habilidade de construir e manter uma rede de contatos sólida pode fazer toda a diferença na execução de eventos bem-sucedidos. Utilizar corretamente as ferramentas de *networking* não só fortalece a reputação da sua empresa, mas também abre portas para novas oportunidades, parcerias e inovações. Aqui estão algumas razões pelas quais é vital aproveitá-las de maneira eficaz.

- **Conexões estratégicas:** elas permitem que você se conecte com outros profissionais do setor. Isso inclui fornecedores, parceiros, clientes e até concorrentes. Cada conexão pode trazer uma nova perspectiva, recursos valiosos e oportunidades de colaboração que podem melhorar a qualidade e o alcance dos seus eventos.
- **Acesso a recursos e conhecimento:** você passa a ter acesso a um vasto *pool* de recursos e conhecimentos. Participar de grupos do setor, fóruns on-line, conferências e *workshops* proporcionam *insights* sobre as últimas tendências, tecnologias e melhores práticas na organização de eventos corporativos, inovando e aprimorando os serviços.
- **Fortalecimento da reputação:** uma rede bem cultivada ajuda a construir e fortalecer sua reputação no mercado. Quando você é conhecido

e respeitado por profissionais influentes do setor, sua credibilidade aumenta, levando a novos negócios e oportunidades de crescimento.

- **Oportunidades de parceria:** grupos de *networking* facilitam a identificação de potenciais parceiros para colaborações. Parcerias estratégicas podem fornecer acesso a novos mercados, compartilhar custos e riscos, e criar sinergias que beneficiam todas as partes envolvidas.
- **Melhoria contínua:** a troca constante de *feedback* e ideias permite que você melhore continuamente seus serviços com base nas experiências e sugestões de outros profissionais. Participar de discussões e debates dentro da sua rede pode inspirar novas abordagens e soluções para os desafios que você enfrenta na organização de eventos.
- **Identificação de oportunidades de mercado:** ao manter-se conectado com uma rede ampla e diversificada, você identifica novas oportunidades de mercado mais rapidamente. Isso inclui tendências emergentes, necessidades não atendidas dos clientes e novas áreas de demanda. Estar à frente dessas mudanças permite que você ajuste sua estratégia de negócios de forma proativa, mantendo-se competitivo e relevante.
- **Suporte em situações críticas:** ter uma rede sólida pode ser crucial em situações de crise e imprevistos. Ao surgir um problema inesperado durante a organização de um evento, ter contatos confiáveis que possam oferecer suporte ou soluções rápidas é inestimável, ajudando a resolvê-los de maneira eficaz, minimizando impactos negativos.

Networking *eficaz*

Para aproveitar ao máximo as oportunidades de networking, aqui estão algumas ferramentas e práticas que eu utilizo para manter, criar e aumentar minha rede de contatos:

1. Utilizar o LinkedIn para conectar-se com profissionais do setor, participar de grupos relevantes e compartilhar conteúdo valioso.
2. Participar de eventos do setor, conferências e *workshops*. Essas ocasiões oferecem oportunidades para interações face a face, que são essenciais para construir relacionamentos sólidos.
3. Participar de grupos de discussão e fóruns on-line específicos do setor de eventos. Essas plataformas são ideais para trocar ideias, fazer perguntas e compartilhar experiências.
4. Juntar-se a associações profissionais e redes locais. Essas organizações, frequentemente, realizam encontros e eventos que podem proporcionar conexões valiosas.

5. Manutenção de relacionamentos. Não se esqueça de fazer *follow-up*, pois o contato regular é essencial para fortalecer e manter relacionamentos.

A jornada continua

Enquanto percorro o caminho como estrategista de eventos corporativos, percebo que cada conexão feita, cada mão apertada e todo momento de colaboração carrega consigo um potencial imensurável. Não são apenas os detalhes dos eventos que fazem a diferença, mas as pessoas que encontramos ao longo do caminho, que compartilham suas histórias, seus conhecimentos e suas visões.

Construir uma rede de contatos sólida vai muito além de uma estratégia de negócios; é um ato de se abrir para o mundo, de aprender com os outros e de oferecer a nossa própria experiência em retorno. É sobre criar uma teia de relacionamentos que nos sustentam, desafiam-nos e inspiram-nos a sermos melhores.

Cada pessoa que encontrei, cada parceria que formei, trouxe uma nova cor para a minha jornada. Aprendi que a reputação não é apenas uma medida do nosso sucesso, mas um reflexo das nossas interações diárias, da nossa integridade e da nossa paixão pelo que fazemos.

Convido você a compartilhar comigo, mais da sua jornada como empreendedora e conhecer melhor o meu trabalho pelas redes sociais. Entre em contato comigo, escreva-me e conte-me se este conteúdo lhe ajudou, e o que mais podemos realizar juntas. Seu *feedback* me faz evoluir nesta grande escola, na qual somos todas eternas aprendizes!

Referências

CORSI, Paulo. *Quociente de networking*: aprenda os segredos da construção de uma rede de contatos que lhe trará inúmeras referências de negócios. Rio de Janeiro: Editora Comunicare, 2023.

FLORIANO, Bob. *Quem fala vende mais*. São Paulo: Literare Books, 2016.

MISNER, Ivan; MARTINS, Marcos R. *et al. Quem está em sua sala?* O segredo para construir o melhor de você! Belo Horizonte: Usina do Livro, 2019.

ZAROS, Simone. *A sutil arte de fazer acontecer*. Se não agora, quando? São Paulo: Yes Book, 2023.

"Reputação não é apenas a medida do nosso sucesso. Ela é reflexo das nossas interações, da nossa integridade e da paixão pelo que fazemos."

Isabel Schinaider

Jéssica Thalita

Eu sou Jéssica Thalita, formada em Administração, com MBA em Gestão Financeira. Mãe de Murilo, empresária, cofundadora do sistema de gestão financeira AdmFacilita e mentora de negócios há cinco anos.

Iniciei na consultoria empresarial ao identificar a dificuldade que profissionais de diversas áreas tinham em gerenciar seus negócios. Percebi como poderia, usando meu conhecimento e experiência, melhorar a vida de pessoas por meio de empresas, orientando empresários a otimizarem processos, desenvolverem estratégias, analisarem resultados e tomarem decisões assertivas com base em dados. Hoje, já são centenas de empresas alcançadas por meio de cursos, palestras, treinamentos e atendimentos individuais.

jessicathalita_adm

www.jessicathalita.com

Jéssica Thalita Wanderley

+55 (84) 99913-2220

13 Sucesso no empreendedorismo - principal fator

por

Jéssica Thalita

É alarmante! A cada minuto quatro empresas fecharam as suas portas no Brasil em 2023, segundo dados do Mapa de Empresas do Governo Federal (Cardoso, 2024). Um número realmente impactante e que, com certeza, é uma estatística que nenhum empreendedor gostaria de fazer parte.

Mas o que nós, empreendedoras, podemos fazer para reduzir a probabilidade de estarmos inseridas nesse número nos próximos anos? Segundo dados do Sebrae (2023), um dos principais motivos que levam ao fechamento de empresas nos cinco primeiros anos de operação no Brasil é a falta de preparo pessoal e de conhecimento sobre gestão. E esse motivo que leva ao fechamento se origina nos motivos pelos quais elas abrem. Será que você se identifica com um desses motivos?

A maioria dos pequenos negócios surge por necessidade pessoal, ou seja, não há oferta de emprego que atenda à minha disponibilidade e/ou expectativa, então, vou empreender. Ou, a pessoa possui uma certa habilidade ou formação técnica e, por familiarização com a atividade, começa a empreender. Esses são os dois principais motivos para iniciar um negócio, principalmente, quando se trata de empresas abertas por mulheres, em que a oferta de emprego com remuneração compatível é bem menor do que para homens.

Mas esses dois motivos mais comuns são também os meios mais arriscados. Eu vou lhe explicar por quê: em ambas as situações, existe um senso de urgência pelo retorno desse negócio, em que o foco principal está em torno de benefícios próprios, dessa forma, foge do pilar principal para o empreendedorismo de sucesso acontecer, que é o de resolver os problemas das outras pessoas. Só assim, por consequência, os nossos problemas serão resolvidos.

Então, nasce um negócio comandado, no geral, por uma excelente profissional na atividade em que optou por empreender, mas com pouco, ou nenhum domínio sobre gestão de negócio, finanças empresariais, precificação, captação, retenção de cliente, entre outros pontos essenciais para o funcionamento de qualquer empresa.

Se você se identificou com um desses dois perfis, deve estar se perguntando: como eu posso reduzir os riscos de vivenciar essa triste realidade com o meu negócio? A verdade é que, você sendo leitora deste livro, já é um grande indício de que está no caminho certo, o caminho do conhecimento sobre gestão de negócios e aprendendo com pessoas aptas a lhe ensinar. Mas quero apresentar três pontos para que você esteja cada vez mais distante da possibilidade de finalizar o seu sonho com o empreendedorismo. Mas antes, imagine-se na seguinte situação: imagine você assumindo o posto de uma cirurgiã cardíaca com a missão de realizar uma cirurgia de coração em um paciente, porém, você não tem nenhum curso na área da saúde. Agora me responda: qual a chance que esse paciente tem de sobreviver? É isso que acontece todos os dias no empreendedorismo, pessoas tentando a sorte começando algo para "ver se dá certo" sem conhecimento e nem planejamento.

Não faz sentido negligenciar a busca por conhecimento naquilo que tanto queremos desenvolver e fazer crescer, concorda? Eu sempre me pergunto: por que dedicamos tanto dinheiro e tempo de estudo para nos capacitarmos tecnicamente e receber uma certificação profissional, seja para ser médica, dentista, fisioterapeuta, design de sobrancelha, entre todas as outras profissões, e pouco, ou nada, para estudar formas e métodos para fazer o nosso negócio crescer de forma saudável?

Então, para mudarmos os dados estatísticos, precisamos mudar a forma como lidamos com o nosso negócio. Aconselho começarmos por esses três pontos a seguir:

1. Não seja funcionária pública da sua empresa

Muitas empreendedoras agem como se tivessem um emprego no setor público, chegando no negócio e começando a trabalhar no piloto automático, executando um conjunto de atividades para apagar o incêndio do dia. Comece o seu mês, semana e dia se dedicando a ser gestora, analisando dados, estabelecendo expectativas de resultado e traçando um plano de ação para alcançar o retorno esperado.

Gaste tempo estudando e planejando. Todo negócio de sucesso tem uma pessoa que gasta tempo pensando, estudando e direcionando ideias antes de agir. Isso possibilita definir objetivos claros, identificar oportunidades de mercado e prever desafios potenciais. Além disso, o estudo contínuo permite que o empreendedor se atualize com as tendências do setor, concorrência e inovações tecnológicas.

2. Desenvolva essas mentalidades

Saia da posição de vítima: no empreendedorismo, não há espaço para pessoas vitimistas, que só reclamam e não fazem nada para mudar as situações incômodas. Nós sabemos o quanto o mercado é volátil e como todos os acontecimentos externos podem influenciar os resultados internos do nosso negócio, isso é uma verdade. Mas é um fato também que se apoiar nas questões externas para justificar os nossos resultados ruins não nos trará benefícios nenhum. É preciso assumir a autorresponsabilidade e ficar atento para mudar a rota, caso seja necessário, até porque o planejamento citado no ponto 1 é essencial para direcionar as ações internas, mas ele não deve ser escrito em pedra, muito pelo contrário, é necessário revisitá-lo para ajustá-lo segundo os acontecimentos externos, seja para driblar as ameaças ou para aproveitar as oportunidades ofertadas pelo mercado.

Não diminua os seus sonhos: nós, mulheres, passamos a somar tarefas, querendo assumir o protagonismo em todas elas, e fizemos quase que um acordo interno, do tipo: "Ok, você quer trabalhar, mas isso não pode atrapalhar o seu papel como mãe, esposa e dona de casa, estamos combinadas?". E a resposta foi um sonoro "Sim, eu dou conta!". Por mais que pareça loucura, esse acordo imaginário é renovado diariamente na nossa cabeça, a cada vez que sentimos culpa pelo tempo dedicado ao nosso negócio. Talvez por isso começamos também a reduzir os nossos sonhos, para caber na nossa capacidade de entrega.

Quando um homem inicia um novo projeto, ele já visualiza esse negócio grande, sendo o maior do setor. O carro de desejo é sempre o mais imponente, o mais veloz e, consequentemente, o mais caro. O projeto é ter uma casa de praia e/ou de campo para descansar da rotina exaustiva de trabalho intenso.

Já a mulher sonha em montar o seu "pequeno" negócio de bairro, coisa simples apenas para entregar conforto às suas clientes. Comprar a sua "casinha" compacta, para não dar trabalho para arrumar. Um "carrinho" para facilitar a correria no dia a dia e levar as crianças na escola, e sobre o financeiro, ganhar o suficiente para gerar conforto e segurança para os seus filhos.

Pensar grande não é garantia de que alcançaremos grandes conquistas, mas sem dúvida, pensar pequeno é a garantia de que nem tentaremos conquistá-las. Temos que entender que crescer e prosperar não significa ter mais trabalho, mas sim, termos mais possibilidades de delegar e, consequentemente, mais tempo para dedicarmos aos nossos familiares e amigos.

Saber onde queremos chegar irá direcionar o tipo de conhecimento que precisamos adquirir e os tipos de pessoas que devemos conviver. Por isso, o próximo passo é, sem sombra de dúvidas, o mais importante, pois ele é o responsável em desenvolver os dois primeiros pontos.

3. Encontre pessoas certas para caminhar contigo

O empreendedorismo é um universo muito solitário. Os funcionários têm o líder para orientar, direcionar as ações e ainda responsabilizar caso as coisas não saiam como planejado, já o empreendedor acaba assumindo toda essa carga de responsabilidade sozinho. Ter pessoas para trocar ideias, direcionar decisões, desenvolver estratégias e conversar sobre o negócio pela ótica da solução faz muita diferença. Além disso, de forma geral, no mundo do empreendedorismo só encontramos aliados para dar ênfase aos problemas.

Sugiro a você um teste: converse com outros empreendedores e comece falando o quanto está difícil empreender. Fale das ações do governo, dos preços elevados e da concorrência desleal que a internet tem apresentado. Com certeza, vocês passarão horas ali pontuando mil e uma dificuldades que justificam os resultados indesejados que vocês estão tendo, porém, esse tipo de conversa não vai lhe ajudar em nada, muito pelo contrário, apenas coloca você na posição de vítima.

Por isso, invista em mentorias. Encontre alguém que tenha um domínio maior sobre a área que você tem carência de desenvolver. A mentoria é o caminho mais curto para você alcançar o resultado que deseja, fornecendo o menor risco durante a jornada. Lembre-se: investir em conhecimento torna-se caro quando não conseguimos mensurar os prejuízos que a ignorância nos gera. Acredite, a ignorância sempre cobrará um preço mais alto. Faça do estudo o seu autocuidado diário e encontre pessoas competentes para lhe impulsionar e orientar nessa caminhada do empreendedorismo.

Por fim, outro dos principais motivos que causam fechamento de empresas é a falta de domínio sobre gestão financeira. Como especialista da área, não posso deixar de orientar você também nesse quesito. Por isso, quero lhe presentear com uma aula totalmente gratuita, apresentando os pontos que as pessoas erram no controle financeiro empresarial e direcionar você para a forma correta de fazer essa gestão de recursos. Para ter acesso, basta entrar no meu perfil no Instagram **@jessicathalita_adm** e me enviar um *direct* com a palavra LIVRO, que lhe enviarei o link para você acessar o material. Será um prazer continuar contribuindo com o seu conhecimento sobre gestão de negócio após a leitura deste capítulo.

Sem dúvidas, o domínio e a busca contínua sobre conhecimento relacionados à gestão de negócios é o principal fator para levar ao sucesso no empreendedorismo. Por isso, faça do estudo o seu autocuidado diário.

Referências

CARDOSO, Giovana. Brasil teve 4 empresas fechadas por minuto em 2023; total supera em 25% número de 2022. *In*: *Notícias R7*. Brasília. 2024. Disponível em: https://noticias.r7.com/brasilia/4-empresas-fecharam-por-minuto-no-brasil-no-ano-passado-total-representa-aumento-de-25-03022024/#:~:text=A%20cada%20minuto%2C%20quatro%20empresas,quando%201.712.993%20companhias%20fecharam. Acesso em: 5 jul. 2024.

SEBRAE. *A taxa de sobrevivência das empresas no Brasil*. Disponível em: https://sebrae.com.br/sites/PortalSebrae/artigos/a-taxa-de-sobrevivencia-das-empresas-no-brasil,d5147a3a415f5810VgnVCM1000001b00320aRCRD. Acesso em: 5 jul. 2024.

"Investir em conhecimento torna-se caro quando não conseguimos mensurar os prejuízos que a ignorância gera em nossos negócios."

Jéssica Thalita

Joice Matos

Eu sou Joice Matos, casada com Flávio e mãe da princesa Sophie. Psicóloga e empresária do ramo da tecnologia. Trabalhei muitos anos com saúde mental, apesar de amar cuidar dos meus pacientes, me sobrecarreguei, tanto que precisei parar. Foi aí que fundei juntamente com meu marido a Escola Ninja WP. Lá assisti vários empreendedores bloqueados, sabotando-se e precisando de apoio psicológico.

Quando Sophie chegou, ela mexeu com o meu mundo. Comecei a olhar para minha vida profissional e ver que não estava sendo a mulher exemplo que gostaria de ser para minha filha. Eu queria ser uma mulher de palco e não de bastidores. A partir daí, precisei de me reencontrar. Hoje, minha paixão é oferecer suporte emocional para empresárias.

joicecristinamatos
+55 (31) 99245-2708

14

Priorize-se: o poder do autocuidado

por

Joice Matos

Espero que nossa breve conversa inspire boas reflexões e lhe motive a cuidar de si com todo o amor que você merece, para que possa gerenciar a sua empresa de maneira mais leve, feliz e eficaz.

Falar sobre autocuidado me fez lembrar da época em que procurei terapia porque eu me sentia muito frustrada por não conseguir dar conta de tudo. Eu tinha acabado de lançar meu *marketplace* e meu trabalho era recrutar lojistas para expor seus produtos dentro da plataforma e também vender os meus próprios. Eu também era responsável por alguns processos de uma empresa que eu era sócia e estava voltando a atender como psicóloga, depois da licença-maternidade. Para finalizar a lista, eu vivia no turbilhão de emoções dos primeiros anos da maternidade. Demorei um tempo para entender que não havia nada de errado com a minha produtividade e que o problema era eu querer dar conta de muito mais que era possível. Focada em fazer minhas empresas se desenvolverem e em ser uma mãe presente, o autocuidado não tinha nenhum espaço.

Não demorou muito tempo para eu começar a sentir a vida cinza. Parecia que faltava um pedacinho de mim. E faltava mesmo, faltava eu olhar para mim com mais gentileza e com menos cobrança. Eu me doava tanto para o que eu fazia que não sobrava nem um tempinho para fazer coisas que nutriam a minha alma. Faltava autocuidado.

Essa era a minha versão antes de abrir as portas para o autocuidado. Ao entender a importância dele, passei a me dar mais cuidado e aprofundar meus conhecimentos nessa abordagem para ajudar outras mulheres.

Mas, afinal, o que é autocuidado?

É tão triste ver que a ideia de autocuidado tenha se restringido aos cuidados com a beleza. O cuidar de si é muito mais amplo e profundo do que cuidar da aparência externa.

Eu gosto de explicar autocuidado fazendo um comparativo com o zelo que as mães da nossa geração dão ao seu filho. As mães se preocupam com o sono e alimentação. Dão muito colo e amor. Preocupam-se em ter tempo de qualidade e se esforçam para educar de maneira respeitosa sem ferir a autoestima dele. Escutam suas frustrações e o encorajam a sempre tentar novamente apesar dos erros. É realmente lindo o jeito que uma mãe cuida do seu filho. Apesar de já sermos adultas, nós deveríamos nos cuidar exatamente como uma mãe cuidadosa faz com o seu filho.

O autocuidado é uma abordagem que envolve práticas para manter e melhorar a saúde física, mental e emocional.

Os obstáculos da prática do autocuidado

Mesmo que saibamos como é importante cuidar de nós mesmas, colocar-nos em um lugar de cuidado, como fazemos com nossos filhos, é muito raro. Existem algumas crenças que nos impedem de fazer isso.

Muitas de vocês já passaram por tantos desafios que se tornaram resilientes e desenvolveram uma força muito linda. E com isso vocês chegam ao seu limite, privando-se de cuidados e se cobrando excessivamente de maneira pouco respeitosa e acreditam que essa postura não irá trazer impactos significativos para a sua vida.

Outra crença é que muitas mulheres encaram a necessidade de serem cuidadas como um sinônimo de fraqueza, enquanto, na verdade, o autocuidado nada tem a ver com ser fraca ou forte, mas tem a ver com amor-próprio. É como já diz o ditado popular, "Quem ama cuida".

Não podemos deixar de lembrar que nós, mulheres, fomos ensinadas desde cedo a olhar para as necessidades dos outros, a sermos obedientes e dóceis. Todo esse contexto fez com que nos tornássemos "mulher maravilha", com excessiva autocobrança e com dificuldade de se priorizar. É por isso que muitas mulheres se sentem culpadas, egoístas e fracas quando priorizam seu autocuidado.

Associado às crenças que mencionei, existe o mal do século que é a falta de tempo. Gerenciar uma empresa é como uma maratona, com mil e uma coisas para aprender, além das demandas da maternidade e da rotina de casa. A verdade é que nunca vai sobrar tempo, pois o trabalho nunca acaba. Sempre haverá mais a fazer pelo seu negócio. Se você não priorizar o autocuidado, nunca terá tempo para ele. Convido você a avaliar o quanto tem priorizado esse ato de amor-próprio. Infelizmente, a maioria só dá atenção ao autocuidado quando adoece. Mas, que bom que você está aqui e pode fazer diferente.

Como cuidar de si com todo o amor que você merece?

É inegável que a jornada empreendedora é cheia de incertezas, desafios, tropeços e exige uma carga intensa de trabalho. Esse é um ambiente muito adoecedor, por isso, precisamos aprender e priorizar o autocuidado para que assim possamos nos fortalecer.

É importante nos dar os cuidados mais básicos, como: alimentar-se bem, fazer uma atividade física, ter tempo de descanso, dormir pelo menos 8 horas por dia. São cuidados simples, mas que causam alto impacto em nossas vidas. Apesar desses cuidados estarem relacionados com o corpo, eles impactam consideravelmente o nosso estado emocional. Uma pessoa cansada vai se sentir irritada, ansiosa, desmotivada.

Priorize atividades que energizam você. Pode ser um *hobby*, mas podem ser pequenas coisas acessíveis a todos, independentemente do dinheiro ou do tempo. Por exemplo, depois de um dia exaustivo, tomar um banho com presença, ouvindo uma música que lhe desperte o melhor sentimento dentro de você. Eu poderia listar vários exemplos, mas a verdade é que atividades que trazem bem-estar são diferentes para cada pessoa. Por isso, é necessário que você se permita sair do automático da vida para descobrir quais são suas atividades que energizam você.

Cuidar dos pensamentos que têm habitado nossa mente é fundamental para um autocuidado emocional. Imagina que sua amiga lhe conte que trabalha com uma sócia que a critica o tempo todo e nunca está satisfeita com nada que sua amiga faça, mesmo que ela tenha dado o seu melhor. Você pode imaginar o quanto sua amiga sofre trabalhando com alguém assim, não é? Essa situação deve gerar muita ansiedade e insegurança. E se eu lhe contasse que essa sócia cruel, muitas vezes, são nossos pensamentos mais íntimos? Quando eu abri meu *marketplace*, minha sócia perfeccionista me dizia que eu era incompetente, lenta e que eu estava fadada ao fracasso. Ela queria que nosso negócio desse certo, mas o jeito dela de me motivar me maltratava. Eu precisei ensiná-la maneiras mais saudáveis de me estimular. Agora eu quero que você reflita: qual é a sócia que você tem levado para gerenciar o seu negócio com você? Ela tem lhe encorajado gentilmente ou lhe maltratado?

Validar nossas emoções é essencial para cuidarmos de nós mesmas de forma completa. Na correria do dia a dia, é fácil ignorar sinais de que algo não está bem. Talvez você sinta que precisa ser forte o tempo todo e não pode demonstrar tristeza ou ansiedade. Reconhecer essas emoções é o primeiro passo para lidar com elas de maneira saudável. Como um jardim, se não perceber que algumas plantas estão murchando, não poderá regá-las ou adubá-las.

O autocuidado é um processo contínuo de um aprendizado constante. Ele nos guia na construção de uma vida em que cabem nossos sonhos, valores e tudo o que faz nosso coração vibrar. Privar-se dessas experiências pode tornar a vida cinza. Portanto, busque abraçar o que lhe traz alegria e ao mesmo tempo, aprenda a se relacionar com sua sócia de maneira mais saudável. Só assim podemos viver de verdade, ao invés de apenas existir.

O seu autocuidado reflete na saúde da sua empresa

Você já deve ter percebido que quando estamos bem, tudo à nossa volta flui melhor. Nosso humor melhora, nossa produtividade aumenta e até os desafios parecem mais manejáveis. Uma mente descansada é a base para decisões empresariais mais assertivas.

Mergulhada na correria do cotidiano, sem estar verdadeiramente presente, você pode ficar cega diante de oportunidades de negócios que possam vir a aparecer e dificilmente há espaço para ser criativa para se destacar em um mercado tão competitivo. Além disso, o cansaço pode trazer grandes dificuldades para gerir pessoas e parceiros.

Então, autocuidado não é apenas um ato de amor-próprio, mas é também um cuidado com sua empresa, garantindo bem-estar e produtividade.

A coragem de colocar o autocuidado em primeiro lugar

Talvez você imagine que meu *marketplace* tenha prosperado. No entanto, tomei a corajosa decisão de fechá-lo. Não porque duvidasse de minha capacidade, mas porque escolhi um estilo de vida que coubesse mais lazer, mais tempo de qualidade comigo e com minha família. Abandonei a ideia de querer dar conta de tudo e escolhi investir apenas no projeto que fazia meu coração vibrar. Ajudar pessoas em seus momentos de maior vulnerabilidade sempre preencheu minha alma. Como sócia de uma empresa de treinamento, ganhei uma nova paixão: o mundo do empreendedorismo. Lá, vi muitos empreendedores precisando de apoio emocional, foi aí que depois de me conectar com o que realmente importava para mim, decidi unir essas paixões e investir na psicologia voltada para empresárias, ajudando-as a prosperar tanto na vida pessoal quanto profissional.

Hoje eu cuido de mim, permitindo-me viver pequenas coisas que trazem cor para minha vida. Cuido da Joice mulher, profissional, mãe e esposa, entendendo que todas são igualmente importantes.

Aprendi a olhar para minhas emoções e a cuidar delas sem acreditar que isso signifique fraqueza. Mas, confesso que, às vezes, o velho padrão reaparece e preciso me reorientar. Minha sócia se tornou mais compreensiva, ainda tem momentos de crise, mas agora sei lidar melhor com eles.

Espero que minha história inspire você a buscar mais autocuidado, enchendo sua vida de cor e que você construa um jeito mais leve de viver. Não tenha medo de escolhas corajosas que priorizem sua felicidade.

Sei que este conteúdo abrirá muitas portas, se deseja continuar nessa jornada e aprofundar ainda mais, siga-me no Instagram. Juntas, podemos ir mais longe. Um abraço carinhoso, Joice Matos.

Para lhe ajudar nesta jornada de construção de autocuidado, disponibilizei um mapa de avaliação do seu autocuidado. É só usar acessar o link a seguir: http://psicologadeempresaria.com.br/teste-autocuidado.

"O autocuidado nada tem a ver com ser fraca ou forte, mas tem a ver com amor-próprio. É como já diz o ditado popular: 'Quem ama cuida'."

Joice Matos

Julia Pedrosa Pinto

Caro leitor, obrigada por ler até aqui. Permita-me me apresentar. Meu nome é Julia Pedrosa Pinto, tenho 30 anos, sou natural de São José dos Campos, no interior de SP, e sou advogada por formação. No entanto, desde 2019, deixei de atuar na área jurídica, pois tive a grande oportunidade de realizar uma transição de carreira e iniciar meu próprio negócio.

Há quase cinco anos, criei a Querida Cesta, uma empresa especializada em cestas e presentes personalizados, com foco no mundo corporativo e no atendimento ao público. Nas páginas a seguir, compartilharei um pouco da minha história e como cheguei até aqui. Escrevo este texto com a esperança de que minha experiência possa lhe inspirar e ajudar.

Com carinho,

Julia

Acompanhe nosso trabalho:

queridacesta_

queridacesta_

queridacesta_

15 Superando os medos

por

Julia Pedrosa Pinto

Bom, é aqui que vamos ter uma conversa mais profunda, nas poucas páginas que se seguem. Gostaria de contar a você quem é a Julia e por que faço parte deste livro. Estou feliz por tê-lo comigo nesta jornada, na qual conversaremos sobre medos, inseguranças, propósitos e sucesso.

Em 2010, tive a minha primeira grande experiência com o verdadeiro significado de coragem e superação, ao decidir morar por um ano na Alemanha. E por que lá? Por amar histórias, querer aprender um novo idioma e buscar fora aquilo que eu julgava necessário viver internamente: uma nova cultura e novos costumes. Foi a experiência mais enriquecedora e desafiadora da minha vida e posso dizer que muito do meu caráter foi solidificado nesta fase.

Um ano de vida é equivalente a um livro de histórias, por isso, aqui serei breve sobre essa fase. Você já deve ter ouvido falar da frieza do povo alemão, correto? Morar em um país com uma cultura extremamente diferente da nossa e uma história tão profunda, traz consigo algumas bagagens que também moldam a personalidade de cada um que nasce ali. Eles são mais desapegados e independentes, diferente de nós, brasileiros.

Foi exatamente ali, entre o limbo do "preciso me virar em um país diferente" e "que saudades da casa dos meus pais", que evolui e amadureci. Foram inúmeros ônibus e trens errados; fui parar em outra cidade porque não entendia o idioma inicialmente; *homesickness* (saudades de casa) e a descoberta em lidar com as crises de ansiedade e de choro; enfrentei certos preconceitos por falta de conhecimento do povo alemão acerca da cultura brasileira; entre outras situações.

No dia seguinte à minha chegada, durante o primeiro banho, veio a crise de choro. A ficha caiu. Como viver sem meus pais por um ano? Como conviver com famílias desconhecidas e me adaptar ao novo? E meus amigos, como ficar sem eles? Tantas perguntas sem respostas. A saudade doía, mas ao mesmo tempo eu me questionava por que todos aqueles sentimentos se eu estava vivendo o meu sonho.

Foi um ano de processo seletivo para ser aceita no programa, ninguém me forçou a viver aquilo, eu quis, eu sempre quis. E aí eu caía em confronto com a minha razão e a emoção. Minha primeira família alemã – com quem mantenho contato até hoje – fez de tudo para que eu me sentisse melhor. Eles acompanharam meus choros e angústias, e mesmo sem saber como agir, entenderam que tudo fazia parte do processo. Fui a diversos eventos sociais e culturais, viagem por muitas cidades ao redor da minha, e, na escola, fui interagindo cada vez mais com os colegas.

Nos meses seguintes, fiz grandes amizades com intercambistas do mundo todo que também estavam vivendo a mesma experiência. E ao mesmo tempo que eu tinha inúmeros amigos que levo para a vida toda, muitas vezes, pegava-me sozinha em meus pensamentos e sentimentos. Foi então que descobri que a escrita seria a minha forma de lidar com a solidão. Peguei um caderno e, diariamente, ia a uma padaria no centro da cidade, pedia um *latte macchiato* e colocava para fora absolutamente tudo.

Isso virou um ritual para mim, uma forma de conexão comigo mesma e de aprender sobre quem eu era naquele tempo. Entendi que a solidão já não fazia mais sentido, dando lugar à solitude. Meus maiores medos foram se transformando, dando espaço a novos desafios, e uma nova Julia nascia após alguns meses. O apoio à distância dos meus pais foi o combustível necessário para encarar de frente o desafio de estar em um país diferente. Mas eu nem imaginava o quão difícil era para eles me ver sofrendo; fui descobrir na minha volta, apenas.

Após um ano, voltei para terminar o colegial e prestar vestibular. E aí, vem a segunda fase da minha vida. Eu sempre soube que queria fazer Direito. Passei, então, na faculdade que eu almejava, o Mackenzie em São Paulo. Mas, para a minha surpresa, foi logo no primeiro semestre que entendi que eu não me encaixava no curso e, mais uma vez, vi-me cheia de perguntas: o que eu vou fazer, se não for Direito? Jogar a toalha em algo que batalhei tanto? Mais uma vez, meu ponto de equilíbrio foram as inúmeras conversas com meus pais, que me apoiavam em qualquer decisão que eu tomasse. Segui em frente, fiz os cinco anos da faculdade; estagiei em diversos lugares, fui aprovada no Exame da Ordem e, finalmente, trabalhava como advogada em uma multinacional.

Eu era feliz lá, até certo ponto. Chegou um momento em que a equipe estava muito sobrecarregada, com poucas pessoas para tantas demandas, e me vi transitando entre matérias, atuando no cível e, de repente, no trabalhista e, em menos de um mês, voltei a atuar no cível novamente. Diante de um novo cenário e insatisfações, acabei sendo desligada, em julho de 2019. Foi aí que minha vida mudou mais uma vez. Eu me vi sem chão, e sentindo-me um fracasso profissional.

Novamente, com o apoio dos meus pais, retornei para minha cidade natal e decidi tirar um período de seis meses para mim. Foi um momento de autoconhecimento, de cuidar da minha saúde física e mental, voltar a estudar alguns idiomas e, em 2020, planejava retornar para São Paulo para atuar novamente como advogada. Porém, em outubro, comemorando cinco anos de namoro com o meu marido, resolvi comprar uma cesta de presente para ele. Procurei na minha cidade, mas nada me encantava. Então, eu resolvi montar uma cesta e descobri uma paixão pelo processo.

Foi ali que entrei na terceira fase da minha vida e uma nova versão minha surgia. Criei a marca, abri uma página na internet e montei algumas cestas. Em novembro de 2019, surgiu então a @queridacesta_. Não sabia o que seria da minha vida, mas fechei o ano com cem cestas vendidas. Na virada do ano, durante a explosão de fogos, pedi muito ao universo que me enviasse sinais de qual caminho seguir. E aí vai da crença de cada um, mas comecei a ver muitas horas iguais e, para mim, aquele foi o sinal que Deus mandou para acreditar na minha intuição.

Tomei a decisão e fui estudar sobre empreendedorismo no Brasil. Superei desafios e preconceitos, pois muitos não entendiam como eu larguei uma carreira como advogada para trabalhar com "cestinhas". Fiz diversos cursos e, quando estava pronta para decolar, a pandemia chegou. Mas é na crise que a gente encontra a oportunidade, né? Com tudo fechado e todo mundo em suas casas, foram os presentes que aproximaram os corações distantes. E foi aí que a marca decolou. No final daquele ano, já tinha feito envios via correio para todo o Brasil, em 2021, consegui um escritório próprio e contratei uma colaboradora, porém, também foi nesse ano que a quarta fase da minha vida aconteceu. Era chegada a hora de formar a minha família e sair de casa.

Tomar essa decisão não foi fácil, pois implicava na mudança de cidade também. E mais uma vez, as perguntas ecoaram dentro de mim: e agora, como fazer com a marca? Justo agora, você vai mudar tudo de novo? Como recomeçar do zero? Será que faz sentido esse relacionamento? E mesmo com todas as incertezas e medos, eu enxerguei uma oportunidade de expandir a marca para a capital, podendo atender em duas cidades diferentes, unindo a vida profissional e pessoal em uma só tomada de decisão.

Essa mudança ocorreu em 2022, ano em que uma profunda fase de questionamentos pairou sobre meus pensamentos. O medo de um futuro incerto trazia crises de choros e angústias ao pensar em recomeçar a empresa em uma nova cidade, um estranho sentimento de crescer e criar a minha própria família. Mas, por que tantos questionamentos? Se mais uma vez eu estava lidando com algo que eu escolhi viver? Renunciei muitas coisas para estar ali e por que ainda assim não era feliz? Para conseguir entender tudo, eu busquei ajuda em diversos campos que me sustentam até hoje.

O primeiro pilar de sustentação foi o familiar. O segundo pilar foi o psicológico, com a entrada na terapia em minha vida, seguido do pilar espiritual, o pilar físico quando voltei a dançar, o pilar da ação social voltada para moradores em situação de rua em São Paulo e o último pilar foi a convivência com amigas empreendedoras. O empreendedorismo pode ser muito solitário e ter pessoas que vivem situações parecidas faz com que o coração se acalme.

Todos esses pilares foram os responsáveis por mais uma nova versão da Julia e o que eu precisava para enfrentar os meus medos e incertezas. E hoje, após esses anos e grandes mudanças em minha vida, posso dizer a você o quanto me orgulho do meu processo, minhas inúmeras fases e como sou grata por ter seguido em frente, mesmo quando quis por inúmeras vezes desistir dos meus sonhos.

Em 2024, minha empresa completa cinco anos de história, com mais de oito mil experiências entregues, mais de oitenta empresas atendidas, participação em muitas datas especiais para clientes e duas unidades em funcionamento. Já na minha vida pessoal, realizei um grande sonho neste ano: casei-me com o meu noivo, hoje marido, que é meu grande amor, incentivador e apoiador dos meus projetos ao lado dos meus pais.

Nada na minha vida veio fácil. Reconheço meus privilégios, mas sei que estou onde estou porque sonhei, batalhei, corri atrás, chorei, sorri, mas sempre me mantive resiliente, focada e determinada em realizar meus projetos, enfrentando todos os medos e inseguranças possíveis. E mesmo quando eu não enxergava luz no fim do túnel, alguém ao meu lado me ajudava a ver o farolzinho que existia ali.

Então, caro leitor, se alguma coisa que compartilhei neste capítulo lhe inspirar, um pouquinho que seja, a tirar do papel os seus sonhos e enfrentar seus medos, eu terei cumprido a minha missão em contar a minha história por aqui. E, não se esqueça, em meio ao caos e as incertezas da vida, busque sempre o seu ponto de equilíbrio. Na minha vida são os meus pais, meu marido e todos os pilares citados. E para você, quem é ou o que é o seu ponto de refúgio?

"Não deixe que o medo lhe paralise diante dos seus sonhos. Encontre seu equilíbrio no meio do caos, mas nunca desista de seguir em frente."

Julia Pedrosa Pinto

Karine Lima

Eu sou Karine Lima, natural de Contagem/MG, resido em Poços de Caldas/MG, com meus filhos, Kaio e Laura. Eu sou marqueteira nas horas pagas, CEO da Agência Naini, especialista em marketing estratégico.

Sou formada e Administração de empresa, e em muito breve, mestre na área de Gestão Comercial. Pós-graduada em Marketing, Finanças e Pessoas, tenho MBA em Gestão empresarial.

Também tenho uma página de assessoria e consultoria em marketing, ajudo a lançar empresas, posicionando-as e as fixando no mercado; atuo na área há oito anos, atendo não apenas no Brasil. Aprendi a superar diversas barreiras por meio da coragem e determinação, só depende de mim para fazer dar certo.

dra.empresa

+55 (34) 99159-3860

Karine Lima

dra.empresa.marketing@gmail.com

16 Desenvolvimento e habilidade da comunicação

por

Karine Lima

Recentemente, fui em um evento corporativo e escutei a seguinte questão: qual o produto que mais vende? Notei que todo mundo ficou com receio de arriscar a resposta, o palestrante reforçava a pergunta, fazendo com que todos refletissem incansavelmente. A pergunta foi feita mais uma vez, até que alguns, ali presentes, arriscaram nomes de empresas famosas. Ninguém acertou, até que o palestrante respondeu: "o produto que mais vende, é aquele que mais se oferece. Se a gente não oferece, a gente não vende". Isso me fez refletir bastante sobre o quanto ofereço meu produto.

Um breve tempo depois, recebi o convite para ser coautora deste livro, muitos assuntos me chamaram atenção, mas, falar sobre comunicação, brilhou de uma forma inexplicável, afinal, quem vos fala, sou eu, Karine, aquela pessoa que gosta muito de conversar (quem me conhece vai confirmar essa informação).

Já parou para pensar que a gente vende o tempo todo? Vende nossa imagem, vende nosso trabalho, vende nossa história, tudo isso, através da maneira que nos comunicamos.

Sabe aquela frase clichê "a primeira impressão é a que fica"? Pois é, ela já é uma boa parte da comunicação, por meio dessa primeira expressão a gente já cria uma ideia, se queremos ou não, momento em que se desperta o entusiasmo ou corta qualquer tipo de interesse.

A nossa comunicação, começa antes mesmo de qualquer cumprimento, ou início de conversa, pela nossa postura, roupa, visual, semblante, ação, dentre outros fatores. Quem nunca entrou em uma loja e se deparou com vendedores despreparados para atender, ali, quase deitados no balcão, mexendo no celular, e já, de cara, não gostou do atendimento, por achar que estavam com má vontade? Quem nunca julgou uma pessoa como metida por ela estar sempre arrumada e na dela? E, possivelmente, depois chegou a conversar com essa pessoa e mudou totalmente a opinião. Por falar em comunicação visual, quem nunca viu uma pessoa adquirindo bens, viajando, andando bem-vestido, e pensou: "Nossa, fulano está rico!". Ah, quem nunca começou a paquerar alguém por meio de um olhar? A comunicação começa muito antes de uma conversa.

Se pesquisarmos no famoso Google o que é comunicação, vamos encontrar a seguinte resposta:

> *Comunicação é o processo pelo qual uma pessoa transmite uma mensagem para outra ou outras. É uma troca de informação entre dois ou mais indivíduos com o objetivo de compartilhar conhecimento, sentimentos, ideias, entre outros.* (Silva Júnior, 1999)

Já parou para pensar como você está se comunicando? O que sua imagem pessoal tem transmitido, o que sua fala tem passado, o que sua postura transparece, e principalmente, o que suas ações ocasionam? Você confiaria em um profissional que oferece tal serviço, mas nitidamente ele não usufrui do seu produto? Você confiaria um cargo de vendedor, para uma pessoa que claramente não gosta de se comunicar?

Sabe o que cabe muito bem em uma comunicação? E acredito que é a chave para começar e desenvolver os melhores assuntos? Um belo sorriso, uma feição leve e de bem. Isso é o famoso "já é meio caminho andado", uma comunicação que começa bem tem tudo para desenrolar melhor.

Uma certa época, surgiram inúmeras oportunidades para ingressar em um mercado que estava bem famoso e buscando pessoas, eles usavam muito o fato de pessoas que estavam com eles, estarem "vencendo" na vida, viajando, comprando carro, estabilizados financeiramente, na época confesso que isso nem se quer me brilhou os olhos, eu não tinha interesse. Viajar, comprar carro, ter uma "vida de luxo", não eram meus desejos? Claro que eram, mas não ali.

Hoje, depois de anos, permito entender ainda mais essa questão. Eu nunca me interessei por essas oportunidades, porque a comunicação inicial vinha pela mentira. Informações que supostamente faziam brilho no seu olhar, porém não passava de algo ilusório, ou seja, a confiança já era quebrada de cara, o que acabava tirando o interesse de prosseguir todo e qualquer tipo de relacionamento.

Hoje, juntando todas essas informações, vejo a importância da postura, boa vestimenta e, principalmente, uma imagem real do que estamos comunicando, minha humilde experiência e os números das mídias sociais comprovam o quão importante é a habilidade de se comunicar.

Podemos ver, em números reais, o resultado absurdo e satisfatório que uma empresa alcança, por meio de uma boa comunicação nas redes. Posso citar exemplos práticos aqui, como produtos que são postados com informações detalhadas, de preferência vídeo, explicando, mostrando aquilo que está sendo ofertado, ou um produto apenas com a foto ali, pronta, postada, sem nada mais. Qual te interessaria mais?

Por falar em mídia social, tem um exemplo muito comum de uma comunicação que podemos citar como negativa: a falta de informação sobre o produto, principalmente, o bom e velho preço; ao invés de ser o início de uma boa relação, essa falta de informação faz com que exista uma barreira para dar sequência. Continuo falando de mídias, o quanto uma pré-comunicação faz toda a diferença, quanto mais informações disponibilizamos, mais interesse demonstramos que estamos dispostos ali para atender.

Falando em atendimento, muitas pessoas buscam em um atendimento, a comunicação. Elas querem falar sobre sua necessidade, desejo e se a gente se comunica bem, elas voltam, porque, além de falar do que precisam (às vezes nem precisam de nada, apenas tornam-se clientes fiéis por causa do bom atendimento, resultado de uma boa comunicação), elas falam sobre a vida, vizinho, parente, papagaio, periquito, cachorro. Em pouco espaço, olha quantas questões eu citei sobre a comunicação apenas nas mídias sociais, o que não para por aí, se eu fosse falar, daria para fazer vários livros.

A comunicação visual, verbal etc., funciona, e eu sou prova concreta disso. De um tempo para cá, resolvi me preocupar mais com a minha imagem, vestir roupas diferentes do que eu vestia e digo uma coisa: funciona! Posso dizer com todas as letras que o retorno e reconhecimento que tenho hoje, é muito melhor do que a época que eu acordava e vestia uma roupa básica, mais confortável, ou a primeira mesmo que eu via ali no guarda-roupa.

As pessoas acreditam no que elas veem, se eu não tenho disposição nem para me cuidar, fazer por mim, eu vou fazer algo extraordinário pelas empresas de quem me contrata? Ainda vou além! Depois disso, comecei reparar até nas roupas que fico em casa, aquelas, sabe, mais relaxadas, com furinho, que já mudou de cor de tanto lavar, ah, essas são as melhores! Não, não são melhores não, elas me faziam comunicar comigo mesma, sentindo-me mal, sentindo-me feia. Eu olhava para mim e não me sentia bem, mesmo estando em casa, seja um fim de semana, um dia *off*, eu não me comunicava bem comigo mesma (sim, a gente precisa se comunicar, às vezes, até faço reunião eu e eu mesma, respondo-me, às vezes, discordo, retruco, e por aí vai, quem nunca?).

Esse negócio de comunicação parece ser só conversa, mas não, o "papo" é amplo, a gente precisa estar bem de todas as formas, para se comunicar da melhor maneira. Vou aproveitar e contar um segredinho que é lindo para aumentar vendas pela internet, comunicar-se bem nas mídias, explicar sobre o que está falando, mostrar os detalhes, a chave de tudo, ser você, as pessoas têm buscado, cada vez mais, por "coisas" reais, por pessoas mais humanizadas. Quando mostramos para as pessoas o que fazemos, como funciona, quem somos nós, o cotidiano do que está acontecendo, exemplos, usando nossa imagem, isso nos causa proximidade com quem está ali acompanhando, isso gera abertura para próximas conversas e novas oportunidades.

Sobre habilidade da comunicação, é impossível eu não ressaltar aqui a importância da segurança que passamos, quando estamos falando sobre algo. Eu nunca me vi como vendedora, não sou uma pessoa que chega e oferece, vende, insiste, mas comecei a escutar que "vendo demais", mas como eu vendo demais, se eu nem estava oferecendo nada? Lógico que dei uma atenção para isso, quando começou virar constante esse negócio que sou muito vendedora. A questão é segurança no que você tem habilidade, se você gosta daquilo, entende, sabe, você consegue passar adiante o que as pessoas precisam saber, simples assim.

A comunicação é uma via de mão dupla, precisamos escutar nossos clientes para entender qual a necessidade deles e ser mais assertiva, precisamos ser claros na hora de comunicar, para facilitar o entendimento de quem está nos ouvindo.

Falamos bastante sobre os efeitos e benefícios da comunicação, ok, mas e quem tem dificuldades em se comunicar? O que fazer? Isso é algo totalmente comum. Se você não consegue se soltar para gerar comunicação, busque frequentar eventos, busque se conectar com quem é bom para se comunicar, vá em locais que exijam, de certa forma, que você se comunique, é um ótimo começo; lógico que além de cursos de oratória, que são bem válidos.

Para fechar com chave de ouro, aqui vão algumas dicas que vão fazer toda a diferença na hora de se comunicar: faça contato visual, seja claro e direto(a), ouça, faça perguntas, crie vínculo. E, lembre-se: a comunicação é a alma do negócio.

Referência

SILVA JÚNIOR, Eliel Rafael. *História de Boa Viagem*. 1999. Disponível em: https://www.historiadeboaviagem.com.br/a-comunicacao-no-municipio-de-boa-viagem/. Acesso em: 15 jul. 2024.

"Tudo o que fazemos é relacionamento, e relacionamento envolve comunicação. Habilidade em se comunicar nos leva longe."

Karine Lima

Kariny Reis

Meu nome é Kariny Reis, sou natural e moradora de Redenção//PA. Cristã, casada com o amor da minha vida há dezesseis anos, Sávio Moura, mãe da Cecília, de 12 anos, e da Isis, de 2 anos.

Sou empreendedora no ramo de cosméticos e presentes. Ajudo outras empreendedoras a despertarem a criatividade e potencializarem suas vendas. Há catorze anos atuo na venda direta, sou pioneira no Youtube com dicas para revendedoras, tenho mais de cem mil seguidores no Instagram e mais de quinze milhões de visualizações nos *reels*.

Também realizo palestras e mentorias sobre vendas, Instagram e criatividade. Superei grandes desafios e provei que, com paixão e perseverança, é possível realizar sonhos. A minha missão é servir, inspirar e transformar vidas.

karinyreis7

Kariny Reis

+55 (94) 99214-9336

karinyreis77

karinyreis@hotmail.com

17 A arte de vender

por

Kariny Reis

Desde que eu me entendo por gente, eu vendo!

O episódio mais antigo, que tenho memória, foi aos sete anos. Meu pai trabalhava na roça e, aos domingos, vendia milho, abóbora e melancia na feira. Meu irmão, dois anos mais velho que eu, sempre ia com ele para lá. Meu pai não me deixava ir, com o seguinte argumento: "Você é menina, não pode acordar de madrugada para trabalhar, esse é um trabalho para homens". Isso me deixava indignada!

Até que um belo domingo, depois de eu tanto insistir, ele deixou eu ir. Tinha que acordar às 4h da madrugada, mas quem disse que eu consegui dormir naquela noite? Tamanha era a minha ansiedade. Saímos naquela caminhonete velha e barulhenta, movida a botijão de gás, em contraste com as ruas escuras e silenciosas. Ao chegar, fomos organizar nosso local de trabalho: a carroceria da caminhonete. Até que por volta das 6h30 apareceu o primeiro cliente e meu pai correu para atender. Após sua saída, eu falei: "Pai, deixa eu atender o próximo, eu sei vender". Antes de ele responder, subi na carroceria e comecei a falar em alta voz: "Gente, olha a melancia! Ela é docinha!" "Minha mãe faz essa abóbora com arroz e fica uma delícia!" "Dá para fazer muita coisa com milho. Eu amo milho assado!"

Não demorou muito, apareceu uma senhora encantada comigo, nas palavras dela: "Como essa loirinha fala tão bem?". Levou um de cada e ainda me deu R$ 1,00 de gorjeta. Como eu fiquei feliz!

De lá para cá, não parei mais. Tive a fase de juntar materiais recicláveis para fazer cortininhas, a fase de fazer pulseiras, de vender para a vizinhança os tapetes da minha avó, a fase de colecionar papel de carta e vender ou trocar os repetidos na escola... Até que, com 11 anos, consegui convencer a minha mãe a se cadastrar em uma revista de catálogo para que eu vendesse no nome dela.

Na adolescência, mesmo trabalhando em alguns empregos formais, como: auxiliar de professora do jardim de infância, estagiária em um programa voltado para adolescentes de um grande banco e auxiliar administrativo em uma loja de informática, ainda complementava a renda vendendo alguma coisa.

No ano de 2010, com 23 anos, já casada, trabalhava como servidora pública municipal. Nesse mesmo ano, cadastrei-me para ser consultora de beleza na maior empresa de cosméticos no país. Na época, eu era apenas mais uma na multidão, levava a revista comigo e deixava com as pessoas para fazerem seus pedidos. Eu não possuía estoque. Enxergava essa atividade como um "bico".

Em 2012, nasce a minha primeira filha, Cecília. No ano seguinte, passei em 1º lugar em uma seleção do Sebrae/CNPq para trabalhar como ALI (agente local de inovação). Eu atendia a várias empresas e levava soluções inovadoras para as mais variadas necessidades. Só que para realizar o meu trabalho, eu tinha que deixar a Cecília na creche. Ela começou a adoecer com facilidade e tomei a decisão de pedir demissão do Sebrae/CNPq e focar na minha família. Não foi fácil abrir mão de um ótimo salário e uma certa estabilidade, porém, eu tinha pedido orientação a Deus e no meu íntimo Ele me dizia que eu estava fazendo a coisa certa. Como eu já estava cadastrada na empresa de cosméticos, via nesse negócio a possibilidade de conciliar maternidade x trabalho. Falei comigo mesma: não quero ser apenas uma vendedora de revista. Vou ser a melhor consultora de beleza da minha cidade e a minha filha estará sempre comigo.

Criatividade para começar e continuar

Eu sabia que as pessoas não gostavam de esperar o pedido chegar. Elas queriam os produtos para ontem. Então, eu teria que investir em uma pronta-entrega, porém, eu não tinha muitos recursos para investir. O prazo de pagamento da empresa era de 21 dias no boleto. Analisei quais eram os produtos mais vendidos e realizei o primeiro pedido só deles: sabonetes em barra, desodorantes e hidratantes.

Lerry Granville (2021) diz: "Quando o recurso for escasso, a criatividade deve ser infinita".

O pedido chegou e consegui vender tudo em três dias. As consultoras da minha cidade não tinham o costume de oferecer os cosméticos em embalagens atrativas para presentes. Percebi aí uma grande oportunidade. Desmembrei os sabonetes da caixa e os vendi unitariamente no formato de lembrancinha, dentro de um saquinho e com lacinho; isso me ajudou a vender mais rápido e lucrar no valor agregado. Os hidratantes eu também coloquei em uma embalagem especial utilizando as *tags* personalizadas "com carinho" e "feliz aniversário", saíram rapidinho. Os desodorantes todos usam, era só questão de oferecer para a venda acontecer. Com essa primeira venda, paguei o boleto e fiz um novo pedido um pouco maior. Com o lucro, fui investindo em embalagens que faziam os olhos dos clientes brilharem. E, assim, o negócio começou a engrenar.

Entretanto, com uma criança pequena, era difícil sair com ela para vender. Foi assim que surgiu a ideia de fazer eventos na minha própria casa. Colocava algumas mesas e cadeiras na área e caprichava na produção de kits e presentes. Convidava as minhas amigas que convidavam as amigas delas também. Era uma reunião leve e divertida, com sorteios de brindes, brincadeiras e muitas vendas.

Não tenha medo de experimentar novas formas de apresentar seus produtos, como embalagens diferenciadas ou experiências que encantem os clientes. A personalização também é a chave. Ofereça opções que permitam aos clientes escolherem itens que realmente desejam, criando uma sensação de exclusividade.

Venda é relacionamento

Cada interação é uma oportunidade para construir relacionamentos e fortalecer conexões. Toda pessoa é única, com necessidades e desejos específicos. Quem só fala do produto não vende!

Antes de ser uma transação comercial, vender é saber conectar-se genuinamente com as pessoas, entendendo seus anseios e levando soluções. Acredito que estamos aqui para servir uns aos outros. Para isso, é fundamental o exercício da empatia, da escuta ativa e da experiência única. A tomada de decisão de um cliente é baseada em como ele se sente em relação ao seu produto ou serviço.

Relacione-se antes, venda depois!

É preciso enxergar oportunidades em tudo. Por meio da foto que publica, da sua fala, do seu texto, da forma como se coloca, dos lugares que frequenta, das pessoas que convive... Você atrai ou afasta pessoas e, consequentemente, clientes.

Pequenos gestos, como um bilhete escrito à mão, um telefonema no dia do aniversário ou um desconto exclusivo para clientes recorrentes, podem fazer toda a diferença. Seja autêntico, mas tente sempre enxergar as coisas do ponto de vista do outro.

Dicas práticas

Faça um planejamento e estabeleça suas metas. Tenha clareza de onde você quer chegar e em quanto tempo. Somos movidos a metas e desafios. Se organize e corra atrás!

Supere as expectativas. Entregue sempre mais que o esperado. Lembre-se que seu cliente está em busca de vantagens: preço bom, excelente atendimento, criatividade... E isso independe da marca ou do tipo de negócio. Tenha em mente que é necessário ter estratégias inovadoras. O seu cliente só vai recomprar com você quando ele perceber que você entrega mais do que o valor que ele paga.

Seja criativo! A criatividade não é um dom, é uma habilidade que pode ser desenvolvida pelo do poder de observação. Treine seu olhar para enxergar além do lugar comum. Pergunte-se: como posso fazer isso de forma diferente? Pense "fora da caixa". Eu sempre tenho à mão um bloquinho de notas para anotar pensamentos, inspirações e ideias de conteúdo, isso me ajuda bastante a exercitar a criatividade. Em um mundo tão competitivo, vence quem é mais criativo.

Conquiste a confiança do cliente antes de começar a vender. E só confiamos em quem conhecemos. Então, seja acessível, transparente e confiável! Deixe que lhe conheçam!

Domine as redes sociais para alavancar suas vendas. A criação de conteúdo de forma assertiva vai levar seu negócio para outro nível.

Faça parcerias estratégicas. Seja com fornecedores, concorrentes, clientes ou influenciadores. Juntos somos mais fortes. As parcerias que, quando bem estabelecidas, impulsionam as vendas, expandem mercados e fortalecem as marcas mutuamente.

Levante todos os dias com fé, esperança e entusiasmo. Reflita: o que posso fazer hoje por mim? O que posso fazer hoje para servir alguém?

Lembre-se de que um cliente satisfeito é o seu melhor vendedor. Investir na satisfação do cliente resulta em boca a boca positivo e recomendações que podem ser inestimáveis para o crescimento do seu negócio.

Faça o melhor que puder

Levo comigo o seguinte ensinamento: tudo que vier à minha mão para fazer, preciso fazer conforme as minhas forças, da melhor e da mais elevada maneira. Não importa se é a louça para lavar ou uma palestra a ministrar, eu preciso entregar o máximo naquele momento. Não sei se você tem uma crença religiosa, mas eu sei da minha. Creio que a Bíblia é a Palavra de Deus, e nela fala algo muito precioso: "Tudo quanto fizerdes, fazei-o de todo o coração, como se fosse para o Senhor" (Colossenses 3:23)."Tudo" significa **tudo**. Kariny, atenda seus clientes como se fosse para o Senhor. Administre o seu negócio como se fosse para o Senhor. Sirva outras pessoas como se fosse para o Senhor. A excelência é um valor do Reino de Deus.

Ao concluir este capítulo, espero que você tenha encontrado inspiração e valiosas lições sobre a arte de vender. Vender é muito mais do que uma troca de produtos por dinheiro; é uma oportunidade de criar conexões significativas, construir relacionamentos duradouros e trazer felicidade para as vidas das pessoas ao seu redor. Que sua jornada como empreendedora seja repleta de sucesso, aprendizado e realizações. Que Deus abençoe a sua vida, a sua família e as suas vendas!

Agora, convido-lhe a tirar uma foto de um trecho que mais gostou deste capítulo e me marcar no storie do Instagram: @karinyreis7. Terei o maior prazer em lhe repostar. Obrigada por compartilhar este momento memorável comigo!

Referência

GRANVILLE, Lerry. *Lerry Granville*. Disponível em: https://lerrygranville.com.br/frases-de-lerry-granville/. Acesso em: 3 jul. 2024.

"Antes de ser uma transação comercial, vender é saber conectar-se genuinamente com as pessoas."

Kariny Reis

Keila Nara dos Santos

Eu sou a Keila Nara dos Santos, natural de Pérola d'Oeste/PR, resido em Parobé/RS com a minha família: meu esposo Isaquiel dos Santos, com quem sou casada há dezenove anos, e meus filhos Matheus dos Santos e Lucas dos Santos.

Eu sou mentora, laserterapeuta e CEO do Holywonder Beauty & Academy. De costureira de sapato que faturava quinze mil ao ano, ao faturamento de um milhão e seiscentos mil reais ao ano.

Aproveitei todas as oportunidades e superei todos os desafios inovando e sempre buscando autoconhecimento. Construí uma equipe de vinte colaboradoras unidas e engajadas num único propósito, buscando evolução pessoal e profissional, transformando vidas.

keilanara_santos

+55 (51) 98037-1309

keila.nar@gmail.com

18 Aprendendo a construir equipes de alto desempenho

por

Keila Nara dos Santos

Há muito tempo, eu não tinha praticamente nada. Se eu contasse para a Keila do passado como seria nossa vida hoje, com certeza ela não acreditaria. Eu comecei do absoluto zero. Comecei a trabalhar aos 13 anos em atelier de calçados e segui na profissão de costureira até meus 26 anos. Em meio a isso, tentei por diversas vezes empreender em outras áreas, sem sucesso. Aprendi que quando não tem um propósito nada dará certo, foi então que tomei a melhor decisão da minha vida: mudar de cidade e investir no que realmente tocava meu coração: ser cabeleireira.

Na época foi me apresentado também um treinamento que mudou toda a minha perspectiva de vida, o treinamento *Mastermind*, no qual tracei meus objetivos e defini trabalhar por dois anos em outros salões de beleza antes de fundar o meu próprio negócio. Para aprender o que fazer e o que não fazer no meu negócio. Essas experiências me trouxeram uma bagagem que iria mudar o rumo da minha vida. Ao passar por outras empresas e salões de beleza, percebi algo que, na minha cabeça desde aquele tempo, não era certo: o mau funcionamento e o relacionamento das equipes.

Uma coisa que sempre tive claro dentro de mim era que, para algo funcionar e poder ir para frente mais rápido, você precisa de pessoas para lhe ajudar. No entanto, eu percebi que em muitos lugares isso não era valorizado. Até que, em outubro de 2017, inaugurei o meu próprio salão com uma equipe de quatro pessoas, contando comigo, e pude testar na prática o relacionamento e desenvolvimento de uma equipe.

Quando comecei a trabalhar em diferentes empresas e salões de beleza, logo percebi que o ambiente de trabalho frequentemente era marcado por tensões, mal-entendidos e uma clara falta de união entre os membros da equipe. A comunicação era falha, as funções não eram claramente definidas, e os conflitos internos eram constantes. Essa realidade me causava desconforto e preocupação, pois eu via o potencial desperdiçado devido à má gestão de equipes.

Em muitas dessas empresas, os líderes não sabiam como motivar ou inspirar seus funcionários e colaboradores. Eles falhavam em reconhecer o valor de uma boa equipe, acreditando que o sucesso dependia, unicamente, de suas próprias habilidades. Isso resultava em um ambiente de trabalho tóxico, em que a rotatividade de pessoas era alta e a produtividade baixa.

A consequência de tal cenário era evidente: as empresas não conseguiam prosperar. Clientes insatisfeitos, funcionários desmotivados e uma constante sensação de estagnação eram comuns. Eu via salões de beleza com potencial incrível fechando suas portas porque não conseguiam manter uma equipe unida e motivada. Isso me levou a refletir profundamente sobre a importância de construir e manter uma equipe de alto desempenho.

O impacto negativo não era apenas financeiro. A moral baixa e a falta de um ambiente de trabalho positivo afetavam a saúde mental e emocional dos funcionários. Muitas vezes, vi colegas talentosos deixarem a empresa por não suportarem mais a pressão e a falta de apoio. Era um círculo vicioso: más condições de trabalho levavam a uma baixa performance, que por sua vez resultava em ainda piores condições de trabalho.

A importância da liderança inspiradora

Quando abri meu próprio salão de beleza, sabia que queria fazer diferente. Queria criar um ambiente onde cada membro da equipe se sentisse valorizado e motivado a dar o seu melhor. Para isso, tive que aprender a ser uma verdadeira líder. Uma liderança inspiradora é essencial para o sucesso de qualquer equipe. Significa ser capaz de motivar, guiar e inspirar seus funcionários a alcançar seu máximo potencial.

Aprendi a importância de ouvir minha equipe, entender suas necessidades e desafios e estar disponível para oferecer suporte. Isso não significa apenas resolver problemas, mas também reconhecer e celebrar as conquistas, por menores que sejam. Um líder inspirador cria um ambiente onde todos se sentem parte de algo maior e são encorajados a contribuir com suas ideias e talentos.

Delegar com eficiência

Uma das primeiras lições que aprendi como líder foi a arte de delegar. Muitas vezes, os líderes tentam fazer tudo sozinhos, acreditando que isso garantirá melhores resultados. No entanto, essa abordagem é contraproducente e leva ao esgotamento. Delegar tarefas de forma eficaz envolve identificar os pontos fortes de cada membro da equipe e atribuir-lhes responsabilidades que se alinhem com suas habilidades e interesses.

Por exemplo, percebi que uma das minhas colaboradoras tinha um talento especial para terapia capilar, então busquei inovação, criei e montei o *japanese head spa*, em que fomos pioneiras no Sul (ela começou como auxiliar de cabeleireira e hoje fatura quinze vezes mais). Outra é uma que foi minha secretária, via a vontade nela de evoluir e crescer, estava sempre pronta a atender algumas clientes após o horário dela, incentivei e deleguei para ela entrar na área dos cílios e, hoje, fatura oito vezes mais. E cada uma que vejo um potencial vou e delego responsabilidades que elas se sintam valorizadas e pertencentes à empresa. Ao fazer isso, não só otimizei o funcionamento do salão, mas também aumentei a satisfação e o engajamento da equipe.

Comunicação clara e aberta

Uma equipe de alto desempenho é construída sobre uma base de comunicação clara e aberta. Isso significa que todos os membros da equipe devem se sentir confortáveis para expressar suas ideias, preocupações e *feedbacks* sem medo de retaliação. Implementar reuniões regulares, nas quais todos têm a oportunidade de falar e serem ouvidos é uma excelente maneira de garantir que a comunicação flua livremente.

Eu estabeleci um sistema em que, semanalmente, nos reunimos para discutir o progresso, desafios e novas ideias. Essas reuniões não são apenas sobre resolver problemas, mas também sobre reconhecer o trabalho bem-feito e discutir maneiras de melhorar continuamente. Isso criou um ambiente onde todos se sentem parte do processo e são incentivados a contribuir ativamente.

Desenvolvimento contínuo

Investir no desenvolvimento contínuo da equipe é crucial para manter um alto desempenho. Oferecer treinamentos regulares, workshops e oportunidades de aprendizado não só melhora as habilidades dos funcionários, mas também demonstra que a empresa valoriza seu crescimento profissional. Eu sempre busco novas tendências e técnicas no setor de beleza e compartilho essas informações com minha equipe.

Além de treinamentos técnicos, também incentivo o desenvolvimento de habilidades interpessoais, como comunicação, resolução de conflitos e trabalho em equipe. Isso não só melhora o desempenho individual, mas também fortalece a união e colaboração entre os membros da equipe.

Cultura de colaboração e respeito

Criar uma cultura de colaboração e respeito é fundamental. Isso significa promover um ambiente onde todos os membros da equipe se respeitem mutuamente e trabalhem juntos em direção a objetivos comuns. Encorajar a colaboração em projetos e tarefas, ao invés de competir uns contra os outros, cria um senso de unidade e propósito.

Eu estabeleci um ambiente onde todos se ajudam e compartilham conhecimentos. Quando alguém enfrenta um desafio, os outros se reúnem para oferecerem apoio e encontrarem soluções. Isso não só resolve problemas mais rapidamente, mas também fortalece os laços dentro da equipe e cria um ambiente de trabalho mais harmonioso.

Inspirar

Se você é empreendedora, assim como eu, saiba que é preciso se desafiar e enfrentar coisas novas. Para isso, você deve ter uma mentalidade forte e uma liderança inspiradora, capaz de mover multidões (ou pelo menos, sua equipe!). Nunca se esqueça de que para evoluir e passar para um novo nível na sua vida, você deve fazer 1% cada dia mais rumo aos seus objetivos.

Lembre-se de que construir uma equipe de alto desempenho é um processo contínuo. Envolve dedicação, paciência e a disposição para aprender e se adaptar. Não é algo que acontece da noite para o dia, mas os resultados valem o esforço. Uma equipe unida, motivada e bem liderada pode levar seu negócio a novos patamares de sucesso.

Espero que minhas experiências e aprendizados possam inspirar você a investir no desenvolvimento de sua equipe. O sucesso não vem sozinho; ele é construído dia a dia, com o esforço coletivo de pessoas que compartilham um objetivo comum. Acredite no potencial da sua equipe, invista no seu crescimento e veja como, juntos, vocês podem alcançar grandes feitos.

E não se esqueça de me acompanhar no Instagram, lá posto muitos conteúdos gratuitos e muito bons para empreendedoras que têm sede de crescimento. Desejo muito sucesso a você e a sua equipe. Juntos, podemos transformar nossos sonhos em realidade e construir um futuro brilhante para todos.

"Acredite no potencial da sua equipe, invista no seu crescimento e veja como, juntos, vocês podem alcançar grandes feitos."

Keila Nara dos Santos

Kelly Jugni

Sou Kelly Jugni, filha amada de Deus e dos meus queridos pais, mãe de dois homens maravilhosos. Advogada há dezenove anos e empresária por profissão, entusiasta da vida por vocação. Nascida em Itapira/SP, minha história é um mosaico de desafios e vitórias. Cada obstáculo enfrentado trouxe consigo um aprendizado, e cada conquista, um motivo para celebrar.

Neste capítulo, compartilho um pouco da minha trajetória, marcada pela persistência e fé. Acredito que Deus tem um propósito para todos nós, e estou determinada a seguir a jornada que Ele me preparou. Por meio deste capítulo, vou escrever meu primeiro livro, e depois ministrar minhas palestras, onde eu espero alcançar e inspirar pessoas, mostrando que, com determinação e fé, é possível colher bons frutos e viver o propósito divino.

Não podemos desistir, jamais!

kellyjugnioficial
seudeverseudireito
Kelly Jugni
Kelly Jugni advocacia
kellyjugniadvogada

19 A arte de empreender: desafios e conquistas

por

Kelly Jugni

Empreender na vida não é uma jornada linear. Minha história é um testemunho das diversas adversidades que um empreendedor pode enfrentar, marcadas por desafios únicos que testaram minha determinação e resiliência.

Desde muito jovem, eu sabia que havia algo especial dentro de mim. Com apenas 11 anos, comecei a trabalhar num escritório, enquanto outras crianças da minha idade brincavam e estudavam. Aos 16 anos, expandi minha jornada de trabalho para a área rural, cuidando de animais, realizando melhoramentos genéticos, inseminações artificiais e participando de leilões. Foi um período de intenso aprendizado e crescimento, tanto pessoal quanto profissional. Porém, um acidente de carro quase mudou tudo. Fiquei desfigurada e machucada, mas continuei minha trajetória conquistando respeito e reconhecimento no setor.

Às vésperas da inauguração de um espaço de exposição e venda de gado, um evento devastador abalou minha vida. Aos 18 anos, fui sequestrada por 31 dias. Após ser libertada, descobri que estava grávida. Continuei estudando e trabalhando, enfrentando múltiplos princípios de aborto. A fé e a determinação me guiaram. Ignorei os comentários maliciosos sobre a paternidade do meu filho. Lembro-me de uma consulta médica na qual o médico insinuou que eu deveria deixar meu pai pagar por um aborto. Aquela insinuação me deixou atordoada e envergonhada, incapaz de compartilhar a experiência.

Meu primogênito nasceu prematuro e enfrentou um teste de sobrevivência, mas nunca desistimos. Hoje, ele é meu parceiro de trabalho.

As tribulações nunca cessaram. Vivia num relacionamento tóxico, sem respeito e companheirismo. Continuei trabalhando duro, vendendo *lingerie* e semijoias para comprar meu primeiro computador. Trabalhei na *factoring* do meu pai pela manhã, estagiei no Ministério Público à tarde e frequentei a faculdade à noite.

Desistir nunca foi uma opção. Aos 23 anos, após uma discussão com meu pai, afastamo-nos por seis anos. Durante esse período, sofri uma ordem de despejo e corte de energia, mas continuei estudando e trabalhando. Fiz parcerias e abri um escritório com colegas. Comprei móveis básicos parcelados e aluguei uma sala. Com coragem e determinação, avancei, sempre acreditando que um sonho sem ação é mera alucinação.

Minha trajetória é marcada por sucessos e reconhecimento. Já atuo como advogada há dezenove anos, construí uma carreira sólida, estabeleci uma reputação de autoridade na área, colho frutos de todo empenho, alugo imóveis, abri uma construtora e continuo crescendo na advocacia e na vida. Agradeço a Deus pelos desafios. Fui abandonada por minha mãe, mas me tornei a melhor mãe para meus filhos. O jeito rígido e bruto do meu pai me preparou para enfrentar a vida e perseguir meus sonhos. Perdoei minha mãe, reconciliando-me com meu pai, que é minha maior inspiração.

Formalizei meu casamento, acreditando na família. Tive mais um filho, mas o relacionamento era tóxico. Fiz o possível durante anos, até que adoeci. Percebi que precisava me divorciar para me curar, e assim o fiz. Continuei trabalhando, estudando e superando desafios. Envolvi-me com alguém que parecia um príncipe, mas revelou-se perigoso. Sobrevivi a essa experiência e não parei de seguir em frente. Empreender na vida é nunca desistir dos sonhos. Hoje, vejo uma trajetória marcada por desafios e conquistas. Cada obstáculo superado me fortaleceu e cada vitória, por menor que fosse, impulsionou-me adiante. Empreender é uma arte que exige resiliência, coragem e fé. Continuo vivendo essa arte todos os dias, aprendendo e crescendo, sempre determinada a alcançar meus objetivos e realizar meus sonhos.

Reflexões e aprendizados

Superação pessoal e profissional

Desde cedo, enfrentei desafios que moldaram meu caráter e me prepararam para o mundo dos negócios. Trabalhar desde os 11 anos me ensinou a lidar com responsabilidades e a importância da persistência. A transição para o trabalho rural aos 16 anos exigiu habilidades práticas e conhecimento técnico, provando que com disciplina, dedicação e coragem, você pode realizar qualquer coisa. O acidente de carro mostrou que a adversidade física não poderia me deter. Aprendi que todo mundo pode duvidar de você, menos você; todo mundo pode desistir de você, menos você; não cometa o erro de depender das outras pessoas para validar sua própria vida.

Traumas e recuperação

O sequestro, aos 18 anos, foi um dos momentos mais difíceis da minha vida. Ficar 31 dias em cativeiro foi uma prova extrema de resistência mental e emocional. A descoberta da gravidez logo após minha libertação adicionou complexidade à minha vida. Continuei a estudar e trabalhar, ignorando os julgamentos alheios. Esses traumas fortaleceram minha determinação. Ninguém nunca vai entender quanta dor você passou, quanto tempo se dedicou, como chegou aonde chegou, sua trajetória. Nem mesmo você sabe quantas vezes tentaram lhe destruir e Deus nunca permitiu, então apenas faça, não desista, lute pelos seus sonhos.

Luta contra preconceitos

As adversidades manifestaram-se na forma de preconceitos sociais e comentários maliciosos. Ser criada pelo pai, o sequestro, a gravidez prematura, o incidente com o médico que insinuou um aborto são lembretes dolorosos das suposições errôneas das pessoas. Essas experiências me ensinaram a importância de manter minha dignidade e lutar contra preconceitos.

De alguma maneira, desde o nosso nascimento Deus nos prepara para as adversidades que vamos passar, então, não desista, aprenda com elas e siga em frente, e não ligue para o que as pessoas falam, falar até o papagaio da minha avó falava.

Relacionamentos tóxicos

Os relacionamentos pessoais apresentaram desafios significativos. Viver num relacionamento sem respeito e companheirismo exigiu força interior. Superar um casamento prejudicial e, posteriormente, um segundo casamento abusivo foi um teste de minha capacidade de resiliência emocional. Cada experiência me ensinou mais sobre minha própria força.

Afinal, um dia a gente se quebra todo, no outro a gente se remenda, depois se reencontra numa fase muito melhor. A vida é sobre isso, reconstruir-se e recomeçar sempre que necessário.

Batalhas financeiras

Os desafios financeiros foram constantes. A ordem de despejo exigiu criatividade e determinação. Vender *lingerie* e semijoias exemplifica a luta pela independência financeira. A discussão com meu pai e o afastamento de seis anos provaram minha capacidade de me reconstruir a partir do zero.

Portanto, esteja próximo de pessoas com tanta vontade quanto você, vontade de crescer, vontade de prosperar, vontade de progredir. Parece besteira, mas faz a diferença! A qualidade das companhias influência diretamente a direção e o caminho que você percorre. As pessoas certas lhe puxam para o destino certo. As pessoas erradas lhe puxam para a direção contrária.

Sucesso e reconhecimento

A criação de um escritório de advocacia com colegas e professores foi um marco importante. Ganhar clientes, amigos e parceiros foi uma confirmação de minha habilidade e dedicação. A capacidade de transformar perdas em ganhos e continuar crescendo financeiramente é um testemunho de minha resiliência e visão empreendedora. Trabalhe duro até conseguir, tente até conseguir, quantas vezes forem necessárias. Não importa a situação, sempre seja honesto, jogue limpo, não minta para as pessoas a sua volta, pois suas palavras valem ouro e sua dignidade não tem preço.

Hoje, olhando para trás, vejo que todo desafio enfrentado foi uma oportunidade de aprendizado e crescimento. Sou grata a Deus pelos obstáculos, pois eles me moldaram e me prepararam para os sucessos que alcancei.

Aprendi o valor do perdão, da compreensão e que não importa o que fizeram com você, e sim o que você vai fazer diante disso, vai se movimentar ou vai ficar com "peninha" de si mesmo, vai fazer acontecer ou vai culpar os outros pela vida que você teve e tem? A vida que você leva depende de você, unicamente, portanto, tente até conseguir, não desista!

A jornada de uma vida empreendedora é repleta de altos e baixos, cada experiência me ensinou algo valioso. Casei-me acreditando na família, um sonho que sempre foi e continua sendo central para mim, e, mesmo em meio a um relacionamento tóxico, nunca deixei de lutar pelo que acreditava ser o melhor. Aprendi que para me curar era necessário tomar decisões difíceis, como o divórcio. Busquei ajuda, superei doenças e me recuperei emocionalmente. Até mesmo me envolver com alguém que parecia um príncipe, mas que revelou ser perigoso, foi uma lição sobre a importância de confiar em meus instintos, a ouvir as pessoas a minha volta e a encontrar minha força interior.

Cada fracasso foi um aprendizado, porém os fracassos nunca me fizeram desistir; acreditei e acredito nas capacidades únicas que Deus me deu, e mesmo com medo, acredito no meu potencial, e tenho feito, e tentado fazer até dar certo, desistir jamais. Às vezes, é necessário fazer uma pausa e talvez uma mudança de rota, e assim sigo, e você também pode e deve, assuma as rédeas da sua vida e vá à luta com o que você tem!

Minha história é um testemunho de que as adversidades podem ser transformadas em forças motrizes para o sucesso. Empreender na vida é nunca desistir dos seus sonhos, independentemente dos desafios que surgem pelo caminho. A cada queda, levantei-me mais forte, a cada derrota, encontrei uma nova maneira de vencer. Empreender é uma arte e eu sou a artista da minha própria vida, e você da sua. Continuo a esculpir meu caminho com coragem, disciplina, determinação, fé e a certeza de que, mesmo diante das maiores adversidades, nunca deixarei de perseguir meus sonhos, nunca deixarei de querer fazer a diferença na vida das pessoas.

Entenda, quando você planta uma semente, a primeira coisa que você faz é cavar um buraco e jogar uma semente, pois bem, os irmãos de José abriram uma cova e o jogaram, achando que o matariam. Toda vez que jogarem você em um buraco, para eles será o seu velório, mas para Deus é sua semeadura, eles estão lhe plantando, sem saber, e Deus não vai tirar as covas do seu caminho, mas vai lhe dar graça para sobreviver e você vai voltar mais forte! Seja forte e corajoso!

"Quando jogarem você num buraco, para eles será o seu velório, mas para Deus será sua semeadura. Seja forte e corajoso!"

Kelly Jugni

Larissa Marolla

Olá! Sou a Lari Marolla! Sempre desejei ter uma carreira que me possibilitasse impactar e transformar a sociedade. Quando me graduei em Jornalismo percebi que isso era possível, mas faltava algo. Buscando respostas fiz uma segunda formação, em Psicanálise Clínica, e me apaixonei!

O mais interessante foi que junto a nova profissão, também me descobri empreendedora. Uma transição desafiadora, afinal, nunca me ensinaram a empreender. Depois de me afundar em uma rotina atarefada e sobrecarregada, desenvolvi um método para empreender de forma produtiva e leve e, desde então, ensino empreendedoras a fazerem o mesmo, analisando seus comportamentos e trazendo um passo a passo eficaz para construírem uma rotina saudável.

larimarolla

Larissa Marolla

https://larimarolla.com.br

20 Construindo uma vida produtiva

por

Larissa Marolla

"Tempo é dinheiro" foi uma analogia que Benjamin Franklin utilizou para expressar como o tempo é um recurso precioso, pois é o único com data de validade e que não pode ser restituído. Mas, a expressão ganhou outro sentido no século XVIII, com a Revolução Industrial, em que os donos das fábricas propagavam que o tempo de trabalho deveria ser usado com a máxima eficiência para gerar mais lucros. Em 1766, o economista François Quesnay resumiu a ideia em uma única palavra: "produtividade", e desde então, associamos uma vida produtiva a inúmeras ferramentas de alta performance, otimização de tempo e eficiência no trabalho. Possivelmente, você também acredita que quanto mais produtiva for, mais clientes e dinheiro terá, certo? No mercado de trabalho, essa mentalidade pode até funcionar. Mas, quando empreendemos, é um tiro no pé.

No início da minha empresa, me baseei nessa estratégia para gerir meu tempo. Com tantas funções novas, que nunca achei que precisaria me preocupar, mergulhei em comportamentos *workaholics*, pois meu negócio dependia apenas de mim para manter-se vivo. Uma corrida contra o tempo para gerenciar redes sociais, criar processos, aprender termos jurídicos, estratégias de vendas e CRM, e quando tinha momentos de folga, sentia-me culpada. Mesmo com colaboradores, era controladora, tudo deveria passar por mim.

Foram quase dois anos vivendo uma rotina atarefada e me orgulhava disso, afinal, estava presa ao ideal de que a quantidade de horas trabalhadas me daria o crescimento esperado. Mas, existia uma incongruência, pois não importava o quanto fazia pela empresa, quando deitava a cabeça no travesseiro não sentia que o dia tinha valido a pena. Quanto mais funções e táticas de gestão de tempo eu aprendia, mais me distanciava do que realmente era minha especialidade: estar com meu cliente e entregar meu serviço com qualidade.

Não demorou muito para eu pensar em desistir, pois era escrava do meu tempo. Só pensava em trabalho e não me permitia parar para cuidar da minha saúde, desfrutar de bons momentos ao lado de quem amo, minha liberdade financeira parecia cada vez mais distante, não sabia delegar e virei uma procrastinadora profissional, pois estava cansada. Cheguei no fundo do poço por conta de comportamentos que me levavam a uma produtividade tóxica. E talvez você também já tenha se sentido assim: tentando equilibrar muitos pratinhos, mas ao segurar um, derruba outro.

Amiga empreendedora, confesso que nunca me ensinaram a empreender, apenas trabalhei duro e colhi os frutos da minha falta de conhecimento. A única certeza que tinha era que a mudança deveria partir de mim, de uma nova mentalidade que me traria clareza de como gerir minha empresa, sem abandonar tudo que era importante. Essa inconformidade foi a força motriz que me fez devorar livros, conhecer outras empreendedoras e sair da minha bolha para compreender como as pessoas bem-sucedidas pensavam e agiam.

Nessa busca, me deparei com uma frase de Christian Barbosa, em seu livro "A Tríade do Tempo", em que diz: "você não vive o tempo, você vive a vida". Enquanto o tempo é abstrato e não podemos controlá-lo, a vida é feita de pequenas escolhas que estão sob nosso controle. Óbvio, eu sei. Mas, quantas vezes refletimos de fato nisso? Essa informação me despertou e, a partir daquele momento, decidi que produtividade não deveria ser mensurada à quantidade de horas trabalhadas, pois meu negócio não cresceria de forma sustentável seguindo essa crença. Contudo, construiria uma vida produtiva focando nos pilares que a fazem ter significado e leveza, com mais saúde e energia, refletindo diretamente na qualidade de entrega do meu trabalho.

Se você investe uma hora do seu dia para ir à academia e fortalecer seu corpo, isso não se refletirá em sua autoestima? Se, ao invés de gastar tempo rolando *feed* da rede social e se dedicar a trinta minutos de leitura, não terá um conhecimento novo para trazer aos seus clientes? E se parar por algumas horas para tomar um café com quem ama, esfriar a cabeça e dar risada, será que ao voltar ao seu trabalho não terá mais criatividade para resolver aquele problema tão difícil? Finalmente, uma venda caiu dos meus olhos! Eu escolhi ser senhora do meu tempo, criando uma agenda que me permitisse cuidar do que é importante dentro e fora da minha empresa, sentindo-me produtiva, mesmo sem estar trabalhando. E, posso afirmar que essa mentalidade tem feito meu negócio prosperar, afinal não existe empresa de sucesso sem uma empreendedora saudável.

Analisando os ensinos de grandes nomes como Jesus Cristo, Freud, Maslow e Richard Bandler, por exemplo, percebi que todos citavam direta ou indiretamente quatro pilares que precisam ser vistos em nosso dia a dia, pois são base para qualquer rotina produtiva. Mas, antes de revelar quais são, preciso que compreenda algo muito importante: seus comportamentos são a chave!

Comportamentos se repetem

Comportamentos se repetem, pois nossa mente busca automatizar tudo o que fazemos. Assim, não gasta energia com aquilo que é automático, apenas em atividades novas. Já percebeu como fica quando está em uma rotina sem desafios ou momentos espontâneos? Existe aquela sensação de monotonia, certo? E quando precisa aprender dezenas de funções, conversar com pessoas diferentes, debruçar-se nos livros e estudar... A rotina se torna cansativa, pois sua mente dispõe de muita energia para atender tantas demandas novas.

Tenho certeza de que você começou a empreender para ter liberdade geográfica, financeira e de tempo. Mas, seus comportamentos estão alinhados à sua vida ideal? Não adianta sonhar grande sem antes fazer o básico bem-feito. Exemplo: como você tira o lacre da manteiga? Você é daquelas que abre aos poucos? Ou tira de uma vez e joga no lixo? Se você tira aos poucos ou nunca tira, talvez seja alguém extremamente cautelosa em suas atitudes, que pensa duas vezes antes de fazer algo. E da mesma forma que decide automaticamente manter o lacre da manteiga na embalagem, age com precaução em momentos de maior impacto. Agora, se você tira de uma vez, no impulso, possivelmente faz o mesmo movimento em situações com mais risco. Por quê? Porque, nossos comportamentos se repetem!

Se meus comportamentos, dos menores aos maiores, não estão alinhados com a vida que desejo viver, nunca serei produtiva o suficiente. Quando um comportamento se torna repetitivo, ele se torna automático, ou seja, vira um hábito. Uma porção de hábitos cria nossa rotina. E uma rotina se mantém, pois existe uma recompensa por trás de cada hábito criado (por pior que seja, existe um benefício). Dessa forma, se estiver infeliz com sua rotina, comece mudando um pequeno comportamento, nem que seja a forma de abrir sua manteiga, pois com o tempo isso terá um efeito dominó em outras áreas.

Com o conhecimento que acabou de adquirir, percebe como uma empreendedora que não sabe falar "não" possivelmente também vive uma rotina atarefada? Ela acumula funções que não são dela e deixa sua saúde de lado em prol de qualquer outra coisa que apareça em seu dia. Não cumpre os compromissos que faz consigo e não pede ajuda, pois acredita que precisa ser forte o tempo todo. Mesmo que esse esgotamento acarrete em um *burnout*, ela continua, porque sua recompensa está no reconhecimento que recebe. Contudo, se mudar um pequeno comportamento hoje, como começar a priorizar sua saúde fazendo uma atividade física, daqui a pouco estará delegando funções e sairá dessa rotina exaustiva para uma leve e produtiva.

Talvez seu problema não seja esse, mas sim a procrastinação. Sabia que você não procrastina por acaso? Na verdade, sua fuga dos problemas, que é sua recompensa, está servindo como um alerta! Será o medo do novo? Perfeccionismo? Ou não aguenta os julgamentos? Uma empreendedora que sabe ler suas emoções, rapidamente entende o que está atrapalhando sua vida produtiva. Quem procrastina, geralmente carrega pensamentos como "Quando eu fizer isso, terei aquela realidade", "Quando eu tiver aquilo, me sentirei dessa maneira", mas não monta um planejamento realista para tirar a meta do papel. Se hoje você parar por alguns minutos e montar um plano de ação a curto, médio e longo prazo para três metas, já terá um estilo de vida novo em breve!

"Mas, Lari, o problema não sou eu, são os outros". Toda vez que você estiver incomodada, é você quem deve mudar. Conheço empreendedoras talentosas que negligenciam sua empresa, abrindo as portas do seu negócio cada dia em um horário, não estabelecem uma rotina de vendas, não estudam e culpam os outros pelos seus fracassos. Para o ego é muito recompensador se vitimizar, mas lá na frente a conta não fecha. Se esse for seu caso, tome o controle da sua vida! Pois, se você tem esses comportamentos com sua empresa, como eles se repetem em seu ambiente familiar? Suas finanças? Sua espiritualidade?

Percebe que uma vida produtiva começa nos pequenos comportamentos diários? Por isso, dentro do meu método Produtividade Descomplicada, não entrego ferramentas para produzir mais em menos tempo, mas sim, os comportamentos certos que precisa adquirir para ser produtiva dentro ou fora da sua empresa. Analisamos juntas os quatro pilares fundamentais de uma vida produtiva: **planejamento**, **autoconhecimento**, **relacionamentos** e **espiritualidade** e, após destrincharmos cada ponto, criamos um plano de ação para mudar os comportamentos que prejudicam sua produtividade. Seja a falta de planejamento financeiro ou medos e inseguranças, ou conflitos em seus relacionamentos, ou ausência de resiliência e fé. Quando empreendemos, nossa produtividade está diretamente ligada aos bons hábitos que automatizamos nesses quatro pilares.

Amiga empreendedora, desejo que você seja senhora do seu tempo, conquistando a vida que sonha com a clareza do que é sua prioridade. Afinal, só existe palco de sucesso onde há um bastidor bem-feito. Mude seus comportamentos, descomplique sua rotina e conte comigo na construção da sua vida produtiva.

"Só existe um palco de sucesso onde há um bastidor bem-feito."

Larissa Marolla

Leila Thaise

Eu sou Leila Thaise, natural de Cachoeira, cidade símbolo de luta, resistência e vitória, interior do recôncavo baiano. Sou agraciada por ser filha de Gracinha e Machinha, resido em Feira de Santana/BA com a minha amada família: Anderson, meu companheiro há 25 anos, e nosso iluminado filho Heitor. Tenho como missão e propósito de vida: crescer e contribuir.

Sou bióloga, professora universitária, escritora, palestrante, especialista em Educação Inclusiva, em Socioeducação, mestre em Ciências Ambientais, doutora em Biotecnologia e analista de perfil comportamental. Atuo com mentoria *Life & Business*, auxilio pessoas a atingirem seus objetivos pessoal ou profissional, aliados à sua missão e propósito de vida.

leilathaiseoficial

Leila Thaise

leilathaisesantos

leilathaise

21 Resiliência: o código de experiências transformadoras

por

Leila Thaise

Durante a infância escutei várias vezes que por "ser preta e pobre" eu teria que ser igual a "omelete: quanto mais bate, mais cresce", uma maneira de dizer que eu para ter plenitude na vida, eu teria que "tropeçar muito", "bater em várias portas fechadas", "perder oportunidades"... Enfim, teria que "apanhar muito na vida" para ser alguém. Essa foi a maneira que me ensinaram o que era resiliência. No entanto, dentro de mim, eu sentia que eu já era alguém sim, eu acordava todos os dias não com sentimento de uma guerreira cansada, mas de uma menina vitoriosa e hoje tenho a convicção que, quando você acredita em propósito, todas as manhãs são oportunidades. E mais na frente vocês irão saber como eu me via "todas as manhãs".

Pessoas são vítimas de vítimas

Você deve estar se questionando: pensar dessa forma diante das adversidades não é tão fácil assim! É isso mesmo? Vou lhe dizer a mesma frase que escutei de minha docente de Embriologia e que mudou o meu olhar: "Difícil é um amontoado de coisas fáceis que ainda não aprendemos". Isso soou aos meus ouvidos como uma força motriz para não desistir da universidade, pois morava no interior, todos os dias ia e voltava no carro da prefeitura da cidade, trabalhava no contraturno e, às vezes, tinha aula à noite, o que me fazia retornar de moto (Biz), por mais de 78 quilômetros. Mas esta arte aqui, vocês podem ler no outro livro *Os segredos do sucesso* (Rodrigues, 2023), no capítulo 23, "Pare de reclamar", de minha autoria. Pois o que pretendo explicitar aqui é que eu que estava tornando as coisas difíceis, eu estava focando nas dificuldades, afinal de contas, o que foca, expande. Essa era a minha crença de merecimento, que eu teria que sofrer muito, que tudo era muito difícil e que tinha quer ser assim! Essa era a mensagem que eu enviava para meu inconsciente, já que era a trilha neural que eu aprendi na infância. Foi quando eu descobri que era "vítima de vítima". E não tenha dúvida: toda crença é autorrealizável, "assim como tu pensas, tu és" (Provérbios 23:7). Nossa vida é dirigida pelos nossos pensamentos.

O nosso corpo se comunica quimicamente e eletricamente, nós pensamos, liberamos neurotransmissores, que vão gerar sentimentos e, a depender do sentimento, agimos de determinada forma. Ficamos condicionados por esses sentimentos e, no meu caso, era pensar em sofrer muito para sentir a satisfação que estaria no caminho certo. Pois a emoção é a energia propulsora de nossas vidas. É o que nos leva a agir. A razão nos diz o que fazer, mas é a emoção que nos põe em movimento. Estudando Neurociência, eu entendi qual a minha real identidade e continuo aprendendo sobre novas trilhas neurais de crenças fortalecedoras... Afinal, difícil é um amontoado de coisas fáceis que ainda não aprendemos.

Nadar ou afundar

Por trás de cada pessoa forte existe uma história de tempestades que lhes deram duas escolhas: nadar ou afundar; ser vítima de sua história ou ser protagonista. A escolha é sua, a gestão de tempo é sua. Você não pode controlar o que lhe acontece, mas você pode controlar a sua atitude, o seu olhar ao que lhe acontece. Lembra da visão que eu citei anteriormente? Eu, desde pequena, brincava de ser professora, e me via ensinando para multidões! Eu só gostava de brincar de escola! Eu tenho uma tia, Cecília Cazaes, hoje professora aposentada, uma motivação e era quem mais alimentava esse sonho, tanto ao brincar comigo, como algumas vezes, levava-me para a sua própria sala de aula.

Saiba que "pessoas são portas", Provérbios 11:14 diz: "Não havendo sábia direção, o povo cai, mas, na multidão de conselheiros, há segurança". Há traduções que dizem que "sem uma multidão de conselheiros, o povo padece". Nós, sozinhos, não somos nada. Ninguém chega ao pódio por si só! Mesmo o mérito maior sendo de quem fez o gol, o papel e o posicionamento de cada pessoa do time foi fundamental. Essa é uma das chaves para sermos resilientes: a humildade em reconhecer que precisamos um dos outros e que as pessoas com quem convivemos, conversamos, escutamos, os ambientes que frequentamos e o conhecimento que acessamos influenciam no nosso comportamento e nos nossos resultados. Então, escolha com sabedoria. Muitas vezes, confundimos resiliência com sermos orgulhosos ou resiliência com teimosia.

Tudo começa na mente

O famoso jargão que diz que "é insano exigir resultados diferentes, pensando da mesma forma". Você só vai conseguir fazer isso se você permitir. Quando entendemos que os nossos pensamentos são moldados pelo nosso julgamento, deixamos de limitar a nossa ação. O pensamento para aprendizagem é o seguinte: para sair de onde está hoje e chegar até onde você almeja, quais são os obstáculos que você precisa superar? Além de descobrir sua real identidade, precisamos superar:

- mentalidade de escassez;
- falta de planejamento;
- imediatismo;
- acreditar que é responsabilidade do outro o seu sucesso;
- achar que já sabe tudo;
- não estar aberto para receber;
- julgar que a sua forma de fazer é melhor;
- superioridade;
- soberba e orgulho;
- medo de inovar.

Agindo com:

- inteligência emocional;
- autoestima e autocuidado;
- resiliência;
- foco;
- disciplina;
- proatividade;
- autenticidade;
- autorresponsabilidade.

Saiba que você é a única responsável pela vida que você tem levado. As pessoas se conectam com sua história de superação e não de vitimização. Não é apenas sobre "cair e levantar" ou adversidades que têm superado, mas sobre os resultados que você tem colhido com essas experiências e aprendizados! Faça uma *dream list* (lista dos sonhos) e responda para você mesma, com muita verdade, humildade e reflexão:

- O que você desejou ser quando criança?
- Tem repetido algum padrão aprendido na infância? Seja na vida financeira, emocional, saúde ou familiar?
- Como está a sua vida hoje?
- O que você vive está alinhado com a sua vocação?
- Como andam os seus sentimentos? Está sempre correndo, estressada, muito ocupada, ansiosa? Ou tem vivido no equilíbrio? Com uma boa gestão de tempo ao invés de imprevistos?
- O que você faz de diferente na vida das pessoas com quem convive?
- Que sonhos você tem para sua qualidade de vida? São atingíveis? Ou estão longe de acontecer?
- O que você deseja para sua saúde? Você tem vivido saúde plena?
- Como anda sua vida profissional? Tem lhe proporcionado prazer e está realizada com ela? Ou você se acha insatisfeita?
- Por que você está exatamente onde se encontra hoje?
- Por que você está aqui lendo esse livro?
- De que forma eu posso lhe ajudar? Com as minhas experiências, aprendizados, conhecimento, mentoria e muito amor e gratidão?

Agora leia as suas respostas e as tenha como o "termostato da resiliência" e analise se realmente você tem sido resiliente, no sentido de gerar novos frutos, ter vida plena e abundante ou você tem murmurado, reclamado e vivido na escassez?

Sabe por que essa reflexão é necessária? Porque mudamos diante de quatro fatores: dor, medo, constrangimento ou tomada de consciência. Se esforce para gerar transformação através da tomada de consciência: não há transformação sem tomada de consciência de quem você é, dos seus hábitos e comportamentos, seus sentimentos e de tudo que está disfuncional.

Pare agora e anote, para cada área de sua vida, o que precisa ser mudado, como você mudará isso e quais as consequências dessas novas plantações para você, pois suas plantações atuais são frutos de plantações antigas. Faça o que nunca fez e desfrute do que você nunca viveu!

A visão positiva de futuro

Um dos sentimentos elementares para gerar novos frutos, novos resultados, projetar novas metas é a gratidão. Gratidão não é agradecimento, como vem sendo popularmente utilizada como "obrigado(a)"; também não é oração. Gratidão é mudança de olhar: é você sempre extrair o melhor que a situação pode oferecer-lhe.

Lembra de mim, saindo às cinco horas da manhã, para estudar em outra cidade, retornava às 13h30 para ministrar aulas e às vezes tinha que retornar à noite? Qual foi minha mudança de olhar? Sou grata por ser negra e ter passado em cinco universidades públicas e ter escolhido a mais próxima do meu lar! Sou grata porque há um carro gratuito que conduz os estudantes da minha cidade juntamente comigo! Sou grata porque já estou trabalhando formalmente e nem precisei passar por estágio! Sou grata porque ganhei um transporte próprio para me locomover! Sou grata porque passei para Medicina, Enfermagem e Biologia, mas escolhi ser professora e bióloga, meu propósito de vida desde a infância, e ter o apoio dos meus pais por isso! Sou grata porque não existe profissão melhor que outra! Sou grata porque a cada um foi dado um dom e cada dom tem sua importância! Faça isso em todas as circunstâncias, pode ser um pneu que furou: seja grata por ter um carro, ao invés de reclamar do pneu que furou! Você vai perceber que ao mudar, seja em pensamentos, palavras, sentimentos e ação, tudo ao seu redor será transformado!

Tenha uma visão positiva de futuro por meio de imagens, pois o nosso cérebro não distingue o que é real do que é imaginário. Então, visualize-se realizando suas metas, mentalize-as acontecendo, imprima imagens que representem seus sonhos como se já fossem alcançados e você verá a sua vida profissional; financeira; conjugal; familiar; emocional; espiritual; intelectual; social; a sua saúde e as outras áreas sendo vivenciadas de forma plena e abundante!

Eu seguro na sua mão e não solto mais! Conte comigo! Confere a mensagem que fiz no prefácio deste livro, especialmente para você saber quem você é, e o que você nasceu para viver! Perceba que o "problema" *business* é muito mais *life* do que imaginamos.

Referência

RODRIGUES, Rogerio. *Os segredos do sucesso*: 29 leis para alcançar sucesso e felicidade. São Paulo: Editora Chave Mestra, 2023.

"As pessoas se conectam com sua história de superação e não de vitimização. Faça o que nunca fez e desfrute do que você nunca viveu!"

Leila Thaise

Lilian Santos

Meu nome é Lilian Cristina dos Santos, sou natural de Mar de Espanha/MG. Atualmente moro em Pequeri/MG. Tenho 36 anos, sou cristã, casada mãe de um príncipe de 16 anos.

Eu sou apaixonada pelo empreendedorismo e pela capacidade que o ser humano tem de se adaptar e transformar o seu entorno e dessa forma, eu mudei a minha realidade. Venho de uma família de quatro irmãos, meu pai trabalhava como pião e minha mãe como empregada doméstica, morávamos de favor numa casinha de mais ou menos 25 metros quadrados, aos fundos da casa do meu avô paterno.

Hoje sou empresária, mentora de mulheres, palestrante e idealizadora de um projeto para desenvolver mulheres nas principais áreas de suas vidas.

vailindona

lilian_subnichaevai

22

O poder por trás das lágrimas

por

Lilian Santos

Em 1999, eu tinha 11 anos, todos falavam que o mundo iria acabar: "mil passará, 2000 não passará". Eu chegava da escola, trocava de roupa, almoçava meu arroz com feijão e ia fazer varetas, palitos de churrasquinho. Ficava nessa função até às dezoito horas, mais ou menos. Tomava banho, fazia os deveres de casa, jantava meu arroz com feijão e ia dormir na hora do boa-noite do Jornal Nacional, essa era a rotina.

Aos sábados, às vezes, tinha pão no café da manhã, eu ia na venda da Dona Aparecida comprar os pães e ficava imaginando: "Quando eu crescer quero ter um negócio assim, ou uma lanchonete ou uma loja, não quero fazer varetas".

Esse sonho ficou adormecido por algum tempo, porém eu sempre vendia alguma coisa. Pegava *kits* de vendedores ambulantes, cremes, rifas, ajudava minha tia com faxina, até fazer 13 anos, quando aprendi a costurar. Fui trabalhar numa pequena oficina de costura, apaixonei-me pelo serviço, era bem melhor que fazer varetas.

Passei por algumas empresas, aprendi todos os processos, sempre dedicada, chegava mais cedo e saía mais tarde, trabalhava de dia e estudava à noite, queria fazer Administração para administrar o meu negócio.

Esse sonho também ficou adormecido até os meus 20 anos, quando meu filho nasceu. Nasceu uma criança e nasceu uma empreendedora. Quando meu filho completou quatro meses, o pai dele foi embora de casa, eu fiquei quatro dias chorando numa profunda depressão, não fazia nada além de amamentar e trocar fraldas, nem meu cabelo eu penteava.

Até que minha mãe foi até minha casa e me disse: "Você não é a primeira e não será a última mãe solteira, olha para essa criança, ela só tem você, reaja!"

Diante disso, aprendi uma das lições mais importantes da minha vida: "As decisões mais importantes de nossas vidas são tomadas nos momentos mais difíceis".

No dia seguinte, eu acordei bem cedo, fiz minhas orações, tomei banho e me arrumei, levei meu filho para a casa da minha mãe e fui resolver minha vida. Fiz uma lista de todas as pendências para resolver e fui fazer o que tinha que ser feito. Passei em todas as lojas e comércios que eu estava devendo, expliquei a situação e pedi um tempo para acertar as dívidas. Conversei com o meu patrão e consegui uma máquina emprestada para trabalhar em casa, porém, não tive muito sucesso.

Tentei voltar para casa da minha mãe, mas minha relação com meu pai era muito difícil, não deu certo um mês. Quando dei por mim, eu estava saindo pela rua com meu filho nos braços, desesperada aos prantos, sem saber o que fazer. Deixei meu filho com uma tia e saí em busca de uma casa menor e com um valor que coubesse no meu bolso.

Achei um quartinho com banheiro nos fundos de uma residência, na mesma rua da minha mãe mesmo, graças a Deus. Era feito só de tijolos de bloco, com quatro metros quadrados, eu tinha uma pequena janela que quase não batia sol, sem revestimento, eu lavava minhas vasilhas, meus alimentos na pia do banheiro, colocava o tanquinho dentro do banheiro toda vez que ia lavar roupas e tirava quando acabava. Tinha muitas baratas ali, eu as ouvia à noite, enquanto eu chorava e pensava que futuro eu daria para o meu filho. Eu não tinha geladeira, não tinha guarda-roupas, precisei vender para pagar as contas, eu tinha só o berço do meu filho, a minha cama de solteiro, uma pequena mesa onde ficavam meus alimentos, meu fogão, uma televisão e as caixas de papelão com roupas. Assim, eu recomecei.

O plano era ficar ali até pagar as contas e conseguir alugar uma casa melhor, foi assim por nove meses. Eu levava bem cedo o meu filho para minha mãe e ia trabalhar, levava marmita de isopor, ficava até às cinco horas da tarde, saía e já ia fazer um extra até às dez da noite, em outra oficina de costura. Chegava na casa da minha mãe às onze horas da noite para buscar meu filho, para pelo menos dormir abraçadinha com ele e começar tudo de novo às cinco horas da manhã. Eu fiquei, praticamente, seis meses só vendo meu filho dormindo, eu chorava todas as noites, mas sempre orava a Deus e agradecia pelo que eu tinha.

O sonho de ter o meu negócio adormeceu, eu só queria ter uma vida melhor e comprar uma geladeira para poder guardar iogurte para o meu filho. Passados nove meses, eu voltava do trabalho e reencontrei uma amiga, a Hérica, ela estava com uma caixa de isopor nas mãos e eu perguntei o que era.

Ela vendia sanduíche natural na confecção e fazia um dinheiro extra. Na hora, eu pensei que poderia fazer isso também, com o dinheiro compraria minha geladeira. "Você me ensina?". Eu perguntei na hora, ela topou e nascia ali a nossa sociedade. Como trabalhávamos perto, a gente descia cedinho, ficava na esquina, cada uma com uma caixa de isopor cheia de sanduíches e salgados. A gente vendia bem, faltando dez minutos para cada uma ir para seu serviço e vendia dentro da fábrica, no horário do café.

Dessa forma, eu consegui sair do quartinho e alugar uma casa em frente à casa da Hérica, e eu voltei a sonhar. Acordava às quatro e meia da manhã, fritava os salgados, assava os assados, os embalava e os colocava no isopor e saía correndo para chegar bem cedo no nosso ponto.

Chegava em casa às 18h, fazia o jantar e cuidava do meu filho. Fazíamos os sanduíches até às 10h da noite. Aos sábados, a gente cozinhava e desfiava 20 quilos de peito de frango e deixava o recheio dos sanduíches prontos para facilitar a semana. A rotina era puxada e foi assim por seis meses, até a gente conseguir comprar as nossas primeiras máquinas de costura.

O novo recomeço

Nessa fase meu filho estava com quase dois anos, minha mãe precisou voltar a trabalhar e eu pedi demissão, conversei com meu patrão e saí do serviço, dessa vez para nunca mais voltar.

Comecei sozinha, pois minha sócia saiu do serviço dela um tempo depois. Como todo início, foi muito difícil, saíamos batendo de porta em porta das grandes fábricas para pedir facção – é assim que chamamos aqui na minha região, a confecção faz o corte da roupa e dá as peças de roupas para as pequenas oficinas de costura. Com muito altos e baixos, conseguimos crescer e comprar mais quatro máquinas, arrumamos mais pessoas para trabalhar e estava fluindo.

Costurávamos dia e noite, sábados, domingos e feriados. Era uma garagem bem pequena, sem uma janela, um calor infernal, mas eu estava grata a Deus pelas conquistas, pois o dinheiro estava entrando. Comecei a viver novamente, sair, levar o meu filho ao parque, tomar um sorvete, voltei a me arrumar, a cuidar de mim e a sair à noite para dançar.

Numa noite, conheci meu marido atual, começamos a namorar, ele morava em Pequeri e vinha aos finais de semana, em outros, eu ia com meu filho para casa dos pais dele, pois ele ainda morava com os pais.

Por motivos de força maior, a minha sociedade com a Hérica também não deu certo. Essa foi a terceira vez que eu quebrei, já tinha tentado com outras duas pessoas antes, mas dessa vez, eu realmente pensei em desistir de ter o meu negócio. Pensei em vender tudo e voltar a trabalhar com CLT, "realmente eu não nasci para ser dona", disse para mim mesma, enquanto terminávamos os últimos cortes. Eu chorava, pedindo a Deus uma saída.

Então, eu e meu namorado, que nessa época já morava e trabalhava comigo, resolvemos nos mudar para Pequeri, que fica a vinte minutos de Mar de Espanha. Ele voltou a trabalhar de CLT e eu trouxe três máquinas comigo. Começaria tudo do zero novamente, já tinha desistido de ter a minha marca, de fazer minhas próprias peças, eu cheguei a Pequeri para morar de favor na casa da minha sogra, que me acolheu como uma filha, pois não tínhamos dinheiro nem para o aluguel.

Eu só queria criar o meu filho, construir minha casinha nos fundos da casa dela e dar conforto para a minha família. Arrumei a mudança, orei a Deus: "seja o que o Senhor quiser". Eu estava muito triste, pois desde os 16 anos saí de casa e já morava sozinha, já pagava minhas contas, nunca dependi de ninguém, para mim isso era um fracasso. Dormi chorando, mas aprendi muito com minhas quedas. Existem lições que só as lágrimas ensinam.

Começam os planos de Deus na minha vida

Na entrada da cidade, minha sogra me ligou, dizendo: "Vocês não vão para a minha casa, consegui uma casa para vocês!", eu perguntei: "Como assim? Nós não temos dinheiro!" Só sei que eu nem conhecia o dono da casa, minha sogra tomava conta da casa dele e estava para alugar. Porém, nessa manhã, ele ligou e perguntou pelo filho dela e ela disse que estava se mudando e, por providência divina, ele emprestou a casa para a gente.

Nessa casa havia uma cozinha grande que coube perfeitamente minhas três máquinas, uma ao lado da outra, e mais os meus móveis. Tinha dois quartos, sala, banheiro e uma enorme varanda, e detalhe: a casa acabara de ser reformada, toda novinha!

Dessa vez, eu chorei muito, mas de felicidade e gratidão. No dia seguinte, meu marido foi trabalhar, eu arrumei toda mudança, coloquei meu filho na escola, ele já estava com 5 anos. Não consegui serviço para fazer em casa, de imediato, ninguém me conhecia. Resolvi pedir em Mar de Espanha, afinal eram 20 minutos de carro, eu daria um jeito. Foi mais ou menos um mês tentando, não tinham o costume de dar costura tão distante assim, ainda mais para uma desconhecida.

A solução foi eu pagar para trabalhar, não ganhava quase nada para conseguir pegar serviço e fazer o meu nome. Mas foi dessa forma que consegui. Fui lá e fiz muito bem-feito! Peguei serviço com as empresas mais exigentes que ninguém queria trabalhar, os modelos mais difíceis e complicados, pois eu sabia que precisava ter um diferencial e provar minha capacidade para depois aumentar o meu valor. Sempre fui muito estratégica e calculista.

Meses depois, eu estava conhecida em toda região, era a facção mais bem paga e comecei a sonhar novamente com a minha própria marca: a Liberty Plus.

Tudo começou com uma viagem de excursão a São Paulo/SP, dinheiro contado, sem conhecer nada, apenas um cartão de crédito, um sonho e muita força de vontade. Compramos o maquinário novamente, treinamos pessoas, meu marido firme comigo e, após dois anos, nós estávamos dentro da nossa própria casa, construindo nosso próprio galpão, com muitas janelas imensas de três metros cada uma. O meu escritório fica no segundo andar, é do mesmo tamanho daquele quartinho que eu morava, só que da janela imensa dele, o sol entra todas as manhãs e tem uma vista incrível!

Hoje, como mentora de mulheres, lhe convido: seja você também a protagonista, a dona da sua vida, dos seus sonhos, da sua história. Acredite no seu potencial. Não é o entorno que tem o poder, tudo depende de você.

"Existem lições que só as lágrimas ensinam."

Lilian Santos

Luanna Eterna

Eu sou Luanna Eterna, natural de Goiânia/GO, mãe do Gusthavo e da Maria, sócia e empresária do Instituto Aslu, referência em consultoria empresarial e treinamentos, valorizo a busca constante pela melhoria contínua e por isso estou concluindo o meu segundo MBA.

Mesmo com minha expertise em gestão empresarial, passei grande parte de minha jornada enfrentando dúvidas sobre minha capacidade. Percebi que isso me paralisava em minhas decisões, mas superei meus medos e traumas quando descobri qual o legado eu pretendia deixar no mundo.

Minha jornada foi repleta de desafios, mas acredito que é possível superá-los por meio do método O Eu que Acredita, que deixou minha vida mais leve.

luannaeterna

institutoaslu

23 Sua maior batalha é contra você mesmo

por

Luanna Eterna

Desde o início da minha carreira, sempre me via presa em um ciclo de insegurança. Até diante de conquistas significativas, a voz interior persistente sussurrava que eu não era digna dessas realizações. Essas crenças de não merecimento minaram minha confiança e me impediram de muitas conquistas. Eu acreditava que para ser vista como referência deveria estar polida de confiança e competências, mas tinha uma verdade obscura, uma batalha interna silenciosa que assombrava minha jornada.

Minha história pessoal se entrelaça com essa narrativa, na qual o constante questionamento da própria capacidade me levou a duvidar de que sou merecedora de coisas boas, incluindo relacionamentos e oportunidades profissionais.

O eco do impostor reverberava em cada aspecto da vida, ditando frases de autossabotagem como:

"Eu não vou nem tentar" era um mantra repetido por várias vezes, como um escudo protetor contra meus possíveis fracassos, ecoava em decisões, sufocando aspirações antes mesmo de serem exploradas.

"Se está dando certo, já está errado" era uma justificativa conveniente para me esquivar dos desafios, transformava o sucesso em fonte de desconfiança.

"Eu tenho dedo podre para relacionamento", uma crença arraigada na mente, transformava a busca por amor e conexão em uma jornada marcada pela autodúvida e pelo medo da rejeição.

Em cada uma dessas frases, o fenômeno do impostor sussurrava seus venenos, minando a minha confiança e sabotando o potencial de crescimento.

Neste universo implacável, em que a pressão pela excelência é constante e a autenticidade muitas vezes é sacrificada no altar do sucesso, eu me vi confrontada com os mesmos medos e incertezas que assolam tantos outros. Apesar das conquistas que adornavam e dos elogios que ecoavam, uma voz insidiosa sussurrava em meu íntimo, questionando minha validade, minha competência e minha própria essência.

O fenômeno do impostor emerge das sombras da autoestima fragilizada, da constante busca pela perfeição e da comparação incessante com os outros. Essas comparações sempre me paralisavam. Aqueles que sofrem com isso, vivenciam uma batalha interna constante entre a realidade do seu sucesso e a crença enraizada de que são fraudes, prestes a serem desmascaradas. Mesmo os mais talentosos e realizados profissionais podem ser consumidos pela sensação de que estão apenas "fingindo" ser competentes, deixando-os paralisados pelo medo de serem expostos.

As consequências do fenômeno do impostor são multifacetadas e profundamente impactantes. No âmbito profissional, se veem como impostores e podem se sabotar, recusando-se a assumir desafios que os levem para fora de suas zonas de conforto, por medo de falhar e confirmar suas próprias inseguranças. Isso inclui dúvida excessiva em relação às próprias habilidades, medo constante de ser desmascarado como uma fraude e um padrão de perfeccionismo inatingível, tendem a subestimar suas conquistas e frequentemente se comparam aos outros de maneira negativa. Esses sentimentos podem levar à autossabotagem e limitar o progresso do seu crescimento.

Além disso, o impacto emocional não pode ser subestimado. A constante ansiedade, o estresse e a sensação de isolamento que acompanham o fenômeno do impostor podem minar a saúde mental e o bem-estar geral. Relacionamentos pessoais também podem ser afetados, à medida que a incapacidade de internalizar conquistas e reconhecimento externo pode levar a sentimentos de inadequação e distanciamento.

Sendo assim, mergulhei em uma jornada de autodescoberta, em busca não apenas de respostas, mas também de uma redenção pessoal. O que eu trago para vocês é o relato dessa jornada, uma narrativa íntima e franca sobre os desafios de enfrentar os espectros do autoengano e da autossabotagem, e sobre a busca pela verdadeira autenticidade em um mundo de aparências.

Sempre que surgem pensamentos negativos de incapacidade, silencio a minha mente e dou um novo comando: "Se eu acredito, eu posso". No ambiente colaborativo, isso é ainda mais frequente, pois estamos constantemente sendo desafiadas, especialmente em cargos de níveis hierárquicos superiores. Passei por isso, mas tive líderes que me incentivaram a acreditar mais em mim. Por isso, desenvolvi algumas estratégias para superar essa autossabotagem.

Em 2023, me deparei com *feedbacks* que inicialmente soaram como ataques à minha capacidade profissional. Nesse momento, tomei uma decisão fundamental: recusei-me a deixar que ninguém definisse quem eu era ou o que eu era capaz de fazer. Eu já travava uma batalha interna contra minhas inseguranças, mas quando ouvi outra pessoa falando coisas negativas sobre mim, foi como um choque de realidade.

Percebi que estava ouvindo e internalizando crenças negativas que me limitavam. Decidi naquele momento que não permitiria mais que ninguém me definisse. Essa foi a virada na minha trajetória. Transformei cada palavra negativa em combustível para o meu crescimento. Abracei a determinação como mantra e iniciei uma jornada de evolução constante, a voz interior que me sabotava não me dominaria mais e com persistência e foco, superei os obstáculos e alcancei um sucesso extraordinário nos últimos meses.

Minha história é um exemplo de que a superação do fenômeno do impostor é possível, compartilho com vocês como um convite à reflexão e à ação. Acredite em si mesmo e enfrente seus medos.

Desvende o disfarce do impostor

O fenômeno do impostor é um conjunto de pensamentos e crenças que podem levar uma pessoa a duvidar de suas próprias habilidades e realizações, acreditamos que não merecemos o sucesso que alcançamos, mesmo quando há evidências claras do contrário.

Um dos sinais mais comuns do fenômeno do impostor é a desvalorização das conquistas. Mesmo ao alcançar objetivos importantes ou receber elogios, ficam tendenciosos a minimizar seus sucessos, atribuindo-os a fatores externos como sorte ou a ajuda de outras pessoas.

Outro aspecto característico é o medo de ser desmascarado. Existe um temor constante de que, a qualquer momento, serão "descobertos" como não sendo tão competentes quanto aparentam. Esse medo pode gerar uma ansiedade significativa e um estresse contínuo, dificultando a aceitação de novos desafios ou responsabilidades.

A comparação excessiva também é um comportamento frequente, comparam-se constantemente com os outros e frequentemente se sentem inferiores, acreditando que nunca alcançarão o mesmo nível de sucesso. Essa comparação incessante alimenta sentimentos de inadequação e insatisfação.

O perfeccionismo é outro traço marcante. A busca por um padrão inalcançável de perfeição pode levar à procrastinação e ao medo de cometer erros. A autocrítica se torna exacerbada, e sentimos que nada do que fazemos é suficientemente bom.

Por fim, a autossabotagem é um comportamento comum. Evitar desafios ou procrastinar tarefas importantes, sabotando seus próprios sucessos. Essa atitude, consciente ou inconsciente, reforça a crença de que não são capazes ou merecedores de suas conquistas.

É importante lembrar que o fenômeno do impostor não é um sinal de fraqueza ou falta de inteligência. Na verdade, é algo que afeta pessoas de todas as áreas da vida, incluindo profissionais de sucesso, artistas, acadêmicos e principalmente empreendedores.

Desvendar o fenômeno do impostor requer coragem, compaixão consigo mesmo e uma disposição para desafiar as próprias crenças limitantes. À medida que aprendem a abraçar sua própria autenticidade e valorizar suas próprias habilidades, podem finalmente libertar-se das garras da autossabotagem e abraçar plenamente o sucesso que tanto merecem.

Os 5 passos para a superar a síndrome do impostor

1. **Conscientização e aceitação:** o primeiro passo é reconhecer e aceitar que você está enfrentando o fenômeno do impostor. Entender que esse é um fenômeno comum e compartilhado por muitas pessoas talentosas é fundamental para iniciar o processo de cura.

2. **Desafiar pensamentos distorcidos:** trabalhe para identificar e desafiar os padrões de pensamento distorcidos que alimentam o fenômeno do impostor. Isso envolve questionar pensamentos negativos e autocríticos, substituindo-os por afirmações mais realistas e positivas.

3. **Buscar *feedback* construtivo:** procure *feedback* regularmente de colegas de confiança ou mentores. Isso pode ajudar a validar suas habilidades e conquistas, além de fornecer *insights* sobre áreas de melhoria.

4. **Praticar a autocompaixão:** Cultive a gentileza consigo mesmo, reconhecendo que é natural cometer erros e que ninguém é perfeito. Trate-se com compaixão e respeito, assim como você faria com um amigo querido.

5. **Celebrar as conquistas:** aprenda a reconhecer e comemorar suas realizações, por menores que sejam. Anote suas conquistas e relembre-as sempre que sentir dúvidas sobre suas habilidades.

Dentro de cada um de nós, há uma guerra silenciosa sendo travada, na qual apenas um pode emergir como vencedor: o eu que duvida versus o eu que acredita.

Ao enfrentar desafios, é fácil ceder aos sussurros insidiosos do impostor, que nos fazem questionar nossa própria validade e nos paralisam com o medo. No entanto, é essencial compreendermos que o poder para superar essas dúvidas reside dentro de nós mesmos. Podemos escolher nutrir e fortalecer o eu confiante, aquele que reconhece e celebra nossas habilidades, conquistas e potencialidades únicas.

É importante lembrar que o caminho rumo à autoconfiança não é fácil, mas é recompensador. Cada pequena vitória sobre o impostor nos aproxima mais de uma vida plena de autoaceitação e realização. É um processo contínuo de autoexploração, autodescoberta e autotransformação.

Acredite em si mesmo e em sua capacidade. Não permita que o medo ou a autodúvida o paralise. Em vez disso, abrace a coragem de se desafiar, de se superar e de se tornar a melhor versão de si mesmo. Você é mais forte, mais capaz e mais digno do que imagina.

Então, seja paciente consigo mesmo, permita-se, por meio do método O Eu que Acredita, um caminho poderoso para que você supere o fenômeno do impostor, construir autoconfiança, transformando crenças negativas e promovendo um senso de autocompaixão e crescimento contínuo.

"Ninguém pode deter o poder de decisão que reside dentro de você."

Luanna Eterna

Marcelis Pereira

Eu sou Marcelis Pereira, movida pelo propósito de inspirar pessoas e ser oxigênio para líderes. Sou uma mulher negra, capixaba, mãe do Mateus e esposa do Márcio. Acumulo mais de vinte anos de experiência em liderança inovadora. Atuo como mentora, consultora e palestrante em gestão estratégica, liderança, inovação e *growth marketing*.

Minha formação em Estatística pela Universidade Federal do Espírito Santo me proporciona uma visão analítica aguçada, crucial para desenvolver estratégias eficazes e alcançar resultados. Idealizadora do Projeto MARES, inspiro-me na constante mudança das ondas e nas transformações do mundo para introduzir, neste livro, o conceito de liderança oxigênio, refletindo minha jornada transformadora.

mares.lideranca

marcelis.pereira

https://mareslideranca.com.br

24 Liderança oxigênio – conectando propósitos

por

Marcelis Pereira

Vamos junt@s mergulhar nas profundezas da liderança oxigênio: um conceito que desenvolvi ao longo de minha carreira e que conecta propósitos para alcançar resultados exponenciais e duradouros. Neste capítulo, você irá explorar os desafios que a liderança moderna enfrenta e como podemos superá-los com estratégias inovadoras e práticas eficazes.

Ao longo da minha jornada de liderança, testemunhei muitos líderes que se destacaram e outros que perderam eficácia por não cultivarem o autoconhecimento nem entenderem profundamente as características de suas equipes. A antiga abordagem de "faça o que eu mando" tornou-se obsoleta diante de mudanças geracionais que não mais aceitam lideranças autoritárias sem espaço para diálogo ou propósito compartilhado. Líderes que antes eram eficientes se viram incapazes de mobilizar seus times em torno de objetivos comuns, frequentemente por acreditarem que já sabiam tudo, ignorando a necessidade de adaptação contínua às rápidas mudanças do mercado e rejeitando quem sabe mais do que eles.

Esse cenário destaca a urgência de um novo perfil de liderança, adaptável às inovações como inteligência artificial e realidade aumentada, bem como às expectativas de resultados imediatos. O conceito de liderança oxigênio surge como resposta a esses desafios, propondo um modelo de liderança que não apenas visa ao sucesso pessoal e profissional, mas também busca impactar positivamente as instituições e as vidas das pessoas envolvidas.

A liderança oxigênio é uma forma de dizer aos líderes que conectar propósitos para maximizar resultados duradouros deve ser o foco e que, para isso, eles precisam ser o oxigênio que dá vida aos projetos e se transforma em energia para potencializar as motivações de todos ao seu redor. Assim como em um mergulho profundo, o oxigênio que levamos é invisível, mas crucial para sobreviver em um cenário desafiador e, muitas vezes, desconhecido.

Assim como as ondas que nunca cessam, a liderança oxigênio representa o movimento constante, a adaptação e a possibilidade infinita de enfrentar os desafios do tempo atual. E foi para auxiliar você nesses desafios que emergiu em minha vida o Projeto MARES Liderança Oxigênio, no qual posso transmitir minha experiência de mais de vinte anos de liderança, em instituições públicas e privadas, ao mundo.

Os 5 eixos de atuação da liderança oxigênio

Dentro deste contexto, identifiquei ao longo de minha trajetória cinco áreas fundamentais para que um líder oxigênio esteja imerso. Duas delas focam nas pessoas e outras três nas instituições. São elas: colaboração e engajamento, personalização, análise de dados, tecnologias e inovação.

Colaboração e engajamento: no coração da liderança oxigênio está a capacidade do líder de unir propósitos pessoais e profissionais para fomentar um ambiente colaborativo e altamente engajado. Este eixo enfoca a importância de entender e valorizar as aspirações individuais dos membros da equipe, alinhando-as com os objetivos da empresa.

Ferramentas como o DISC, análise de temperamentos e arquétipos são vitais para promover o autoconhecimento tanto dos líderes quanto dos colaboradores. Além disso, metodologias como o *Ikigai* e o círculo de ouro, ou *golden circle*, em inglês, podem ser implementadas para ajudar cada indivíduo a identificar seu propósito pessoal, suas paixões e habilidades e avaliar como se encaixam dentro do contexto mais amplo da empresa.

Personalização: este eixo complementa o primeiro ao destacar a necessidade de uma abordagem personalizada na gestão de equipes. Reconhecendo as características únicas de cada colaborador, líderes oxigênio são capazes de maximizar o potencial individual ao mesmo tempo que cultivam um sentido de pertencimento e valorização dentro da equipe. Isso envolve adaptar estilos de liderança, *feedback* e desenvolvimento profissional para atender às necessidades específicas de cada membro da equipe.

Dentro do eixo da personalização, um líder oxigênio deve estar especialmente atento às dinâmicas geracionais e aos temperamentos individuais dentro de sua equipe ou empresa. Compreender que cada geração e cada personalidade tem seu próprio estímulo motivador é crucial para cultivar um ambiente de trabalho que maximize o potencial de todos. (Veja mais sobre as gerações no Youtube @MARESLiderançaOxigênio.)

Análise de dados: com o crescente volume de informações disponíveis, é essencial que os líderes oxigênio sejam proficientes na análise de dados para tomar decisões informadas e alinhadas com os objetivos estratégicos de longo prazo. Este eixo enfatiza a utilização de análises preditivas e diagnósticas para entender tendências, prever necessidades de mudanças e medir o impacto das ações da equipe sobre os resultados da empresa.

É essencial que os líderes identifiquem quais dados precisam ocupar espaço em sua mente para serem monitorados com diferentes frequências – constantemente, diariamente, semanalmente, mensalmente, semestralmente e anualmente – mantendo assim uma visão clara do desempenho e do progresso da empresa.

Tecnologias: um líder oxigênio deve estar à frente no uso de novas tecnologias. Este eixo aborda a importância de integrar soluções tecnológicas que possam aumentar a eficiência e a inovação dentro da empresa. Desde ferramentas de comunicação até plataformas de gestão de projetos e sistemas de inteligência artificial, adotar a tecnologia certa pode transformar a operacionalização e a execução de estratégias, ampliando a produtividade e a eficiência competitiva em um mundo que avança a passos largos.

A transformação digital é essencial para qualquer empresa que deseja permanecer relevante, e para o líder oxigênio, este processo vai além da simples digitalização de processos existentes, pois tecnologia é muito mais que ferramenta, é ter uma mentalidade de evolução como pilar fundamental que mantém a inovação nos negócios.

Inovação: é crucial para manter a competitividade e relevância no mercado. Líderes oxigênio devem fomentar uma cultura que não apenas aceita, mas busca ativamente a inovação, encorajando a experimentação e a criatividade. Este eixo focaliza na criação de um ambiente onde ideias novas são valorizadas e que há espaço para aprender com os erros e sucessos.

Em minha metodologia para inovação tenho dez passos, mas aqui destaco quatro passos importantes que podem ser de grande utilidade. Primeiro, tenha claro o propósito e os objetivos estratégicos da empresa. Segundo, comece por uma inovação incremental, escolhendo desafios que incentivem a criação de novas ideias. Ferramentas como o Design Thinking podem ser essenciais nesse processo. Terceiro, crie um ambiente convidativo para a inovação, onde os testes são estimulados e os recursos necessários são disponibilizados. Quarto, separe o tempo para inovação, ninguém inova com o tempo que resta.

O perfil d@ líder oxigênio

Para dar conta de todos esses papéis, o líder oxigênio precisa ter um perfil muito bem delimitado, por isso, quero explorar com você as características essenciais que precisam ser desenvolvidas para se tornar um líder oxigênio. Aproveite para fazer sua autoanálise e traçar seu plano de evolução de carreira.

Empátic@: no contexto da liderança oxigênio, vai além de compreender os sentimentos alheios; envolve estabelecer conexões reais com as pessoas. Isso significa ouvir ativamente, entender motivações individuais, construir soluções inclusivas e criar um ambiente de trabalho que respeite e valorize todas as perspectivas.

Analític@: num mundo dominado por dados, ser um líder oxigênio implica proficiência analítica. Não se trata apenas de estar familiarizado com os dados, mas de extrair *insights* estratégicos que orientem decisões informadas e proativas, equilibrando intuição com análise rigorosa.

Visionári@: um líder visionário antevê o futuro, mas também sabe como conectar essas visões com a realidade atual. É crucial poder guiar a equipe na execução de planos que satisfaçam as demandas presentes enquanto preparam o terreno para inovações futuras e sucesso sustentável.

Ágil: a agilidade é crucial em um mercado que muda rapidamente. O líder oxigênio deve ser capaz de tomar decisões rápidas e eficazes, estabelecendo processos e governança que permitam flexibilidade e resposta rápida às mudanças, sem comprometer a consistência ou a qualidade das decisões.

Inspirador@: significa ser capaz de motivar e influenciar a equipe, estimulando a produtividade, a criatividade e o autodesenvolvimento. Criando uma atmosfera que encoraja a equipe a superar suas limitações e explorar novas possibilidades.

Mentor@: é uma parte vital da liderança oxigênio. Envolve orientar as pessoas não apenas em suas tarefas diárias, mas também em suas carreiras e desenvolvimento pessoal. Um líder mentor ajuda a moldar os futuros líderes, oferecendo orientação e apoio constante.

Adaptável: em um mundo onde a única constante é a mudança, a capacidade de se adaptar é indispensável. Um líder oxigênio é flexível com estratégias, abraça a transformação digital e ajusta-se continuamente ao novo contexto de inovação.

Liderança oxigênio é uma jornada, não um ponto de chegada

O conceito de liderança oxigênio tem a ver com uma jornada de autoconhecimento e crescimento contínuo. Ao adotar essa abordagem, os líderes se transformam em bioluminescentes de um ambiente onde é possível prosperar diante dos desafios constantes e das mudanças incessantes. Lembre-se: ser um líder oxigênio é ser o influenciador de mudanças positivas, proporcionando vida e energia aos projetos e às pessoas ao seu redor.

Você pode realizar o seu teste e descobrir qual é o seu perfil de liderança oxigênio e ter acesso a mais conteúdo para líderes no site https://mareslideranca.com.br ou em meu Instagram @marcelis.pereira.

"Lidere com propósito, inspire com paixão e transforme cada desafio em uma oportunidade única de crescimento."

Marcelis Pereira

Maria Matos

Eu sou Maria Matos, natural de Contagem/MG, cidade onde resido com a minha família: meu esposo Nilton Matos, com quem sou casada há dez anos e minha amada filha, Sophia de 7 anos. Eu sou consultora de Imagem e Estilo e mentora em Imagem Pessoal, especialista na área de autoconhecimento há mais de quatro anos, acumulando mais 1.200 horas de atendimentos no Brasil e nos EUA.

Também sou técnica em Nutrição e Dietética, campo que atuei por mais nove anos, cuidando da qualidade nutricional de dezenas de empresas, período em que tive uma grande virada de chave e decidi seguir o novo caminho, que tenho trilhado hoje, ajudando homens e mulheres a fortalecerem sua marca pessoal.

mariamatosconsultoria

+55 (31) 98767-4740

http://mariamatosconsultoria.com

mariamatosconsultoria@gmail.com

25 Construindo uma imagem com propósito

por

Maria Matos

Há cinco anos, vivi a maior transição de carreira da minha vida! Antes, sem intencionalidade e clareza de propósito, apenas pensando na qualidade de tempo que queria passar com a minha filha. Resolvi, então, deixar meu trabalho como gerente de restaurante industrial, cargo que ocupei por nove anos e que me proporcionava uma grande estabilidade financeira, para empreender e começar minha jornada no universo da moda, a princípio como sacoleira, vendendo de porta em porta, sem saber o futuro extraordinário que Deus reservara para mim.

O grande desafio

Após iniciar minha jornada, vi-me desafiada a me reinventar e iniciar meu trabalho nas redes sociais, que passava a ser a avenida mais movimentada para venda de produtos e serviços.

Foi então que resolvi estudar e me capacitar, formando-me como consultora de Imagem e Estilo e abrindo as portas para a minha grande transformação de dentro para fora. A partir de então, eu começava a entender a grande potência e arma poderosa que eu tinha em minhas mãos: minha comunicação não verbal, ou seja, minha imagem.

Com minha imagem pessoal bem-posicionada e muito conhecimento no ramo da moda e estilo, meu negócio decolou e, enfim, consegui montar meu tão sonhado *showroom* de moda feminina. O que eu mal sabia é que aquele até então, seria apenas o caminho que eu precisaria percorrer para estar exatamente onde é o meu lugar no mundo: promovendo o bem-estar e elevação do ser das pessoas que são conectadas a mim.

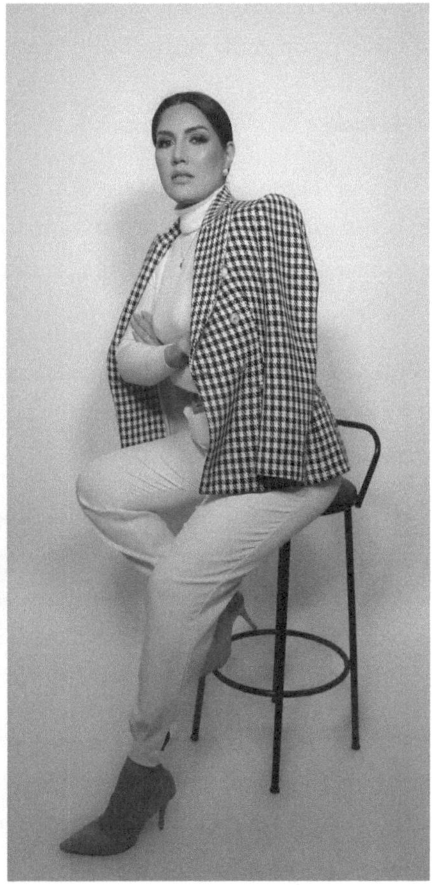

A resposta

Em abril de 2022, fui conectada à minha primeira mentoreada nos EUA, uma grande empresária no segmento de *house cleaning* que buscava posicionar sua marca pessoal no mercado. Vivemos juntas uma jornada extraordinária de autoconhecimento, e a partir daí, a procura pela mentoria de imagem começou a aumentar a cada dia mais, e me vi mais uma vez em uma situação de escolha: continuar com a loja ou me dedicar integralmente à mentoria de imagem.

Confesso que não foi uma escolha fácil, afinal de contas, eu finalmente havia saído das vendas que aconteciam somente on-line e de porta em porta, para ter meu espaço físico, planejado da forma que sempre sonhei. Mas como eu sempre soube que os planos de Deus são muito melhores que os meus, permiti que a resposta para os meus questionamentos viesse por meio dEle, como de fato aconteceu. E seis meses depois de buscar a solução, encerrei as atividades da loja e passei a me dedicar 100% à mentoria de Imagem Estratégica.

O método

Agora, eu estava ali, vivendo o início de mais um desafio: eu não vendia mais um produto físico, e sim, uma mentoria totalmente on-line, capaz de transformar radicalmente a vida de mulheres que passariam por ela.

Mais e mais dias e noites de estudos e pesquisas, para construir uma metodologia exclusiva que funcionasse de fato, para aquelas mulheres que estivessem de fato prontas para viver o extraordinário por meio da imagem pessoal construída com propósito.

Mas antes de dar segmento nos próximos acontecimentos da minha jornada empreendedora, eu lhe convido a pensar comigo: imagine se você tivesse a oportunidade de falar para as pessoas, em apenas três segundos quem você de fato é (essência, princípios, valores, conteúdo, vivências, bagagem de vida e experiência), seria incrível não é mesmo?

Pois bem, imagine que ao longo de nossas vidas passamos por centenas, milhares de pessoas com quem não temos a oportunidade de trocar uma só palavra sequer e, exatamente neste momento, quem fala por nós é a nossa imagem (todos os elementos de *design* que a compõe: cores, linhas e formas). Ela (a nossa imagem) é responsável por 55% da nossa comunicação, seguida pela nossa postura, tom de voz e modo de falar, e em seguida, nossas palavras. Isto significa que sim, a primeira impressão é de fato a que fica, ela é responsável por nos conectar às pessoas, e elevar o nível de percepção de valor que as pessoas têm a nosso respeito.

A partir destes dados, comecei a desenvolver minha metodologia, sempre levantando a bandeira de que: assim como me vejo, sinto-me e me comporto! A imagem que você projeta desperta sentimentos e ações.

Por isso, o meu papel e a minha missão são justamente elevar o nível de consciência, trazer clareza e mudança de mentalidade para que homens e mulheres possam entender que a sua imagem pessoal tem um impacto significativo, não só nas pessoas que estão ao nosso redor, mas principalmente, em nós mesmos. Nossas atitudes, dependem da forma que nos vemos.

Você já parou para pensar, no quanto você se sente mais produtiva, feliz e disposta quando está com sua autoestima elevada? Pois bem, quando afirmo que a imagem que você projeta desperta sentimentos e ações, estou relacionando esta informação diretamente à autoestima. Entenda que o termo "imagem" está diretamente ligado à forma com que somos percebidos pelas pessoas, a forma com que o outro nos enxerga; e "autoimagem" é a forma com que nós nos percebemos e nos descrevemos, ou seja, a mensagem que acreditamos que estamos transmitindo para o mundo. Estes dois termos: "imagem" e "autoimagem" precisam andar juntos, para que você consiga construir uma imagem de valor, sem ruídos na comunicação. E para que isso seja possível, existe um processo de autoconhecimento aprofundado para que você se entenda de verdade, seus gostos, preferências, escolhas e o porquê de cada uma delas.

Só assim, conseguimos desenvolver nossa imagem pessoal de forma assertiva, sem montar personagens, afinal de contas, nada que é personagem se sustenta por muito tempo. Partindo daí, tendo clareza de quem realmente somos, vamos começar a trabalhar a intencionalidade, ou seja, vestir-se de fato com intenção e, principalmente, com consciência e assertividade, comunicando exatamente para as pessoas o que você deseja.

Sempre que for se aprontar para qualquer que seja a ocasião, pense na forma que você deseja se sentir com aquela produção e o que você deseja transmitir para as pessoas, só assim você conseguirá ser assertiva em sua comunicação.

A jornada

Você se lembra da minha primeira aluna nos EUA, em abril de 2022? Então, ela foi uma verdadeira ponte para que o meu trabalho pudesse ser reconhecido por centenas de brasileiros que residem atualmente na América do Norte. Existe uma comunidade gigantesca de homens e mulheres que saíram do seu país de origem para construir uma nova vida em um novo país, e é exatamente nesta comunidade que a minha primeira aluna está inserida. De fato, a melhor forma de divulgação do trabalho de uma empreendedora é o "boca a boca" e as provas sociais.

A esta altura, eu ainda não tinha dimensão alguma do que estava preste a viver: dezenas de mulheres conhecendo o meu trabalho, e muito mais do que isso, confiando e contratando a minha mentoria; os caminhos que Deus havia preparado para mim estavam finalmente diante dos meus olhos, e eu disse sim para eles.

Muitas conexões foram geradas, e então eu me vi diante de mais um desafio: a demanda masculina começava a bater na minha porta, e após participar de uma mentoria incrivelmente valiosa, na qual aprendi a viver uma vida com propósito, caminhos profissionais e espiritualidade (da mentora Graziele Cristina CEO da Sunflower), entendi que estou aqui para cumprir meu propósito, independentemente da esfera da minha vida (pessoal ou profissional) e que sendo assim, eu não poderia fazer acepção de pessoas por gênero. A partir daí, mais estudos para desenvolver uma metodologia específica para o público masculino, e assim aconteceu em março de 2024, e até então, são mais de 65 homens e mulheres que já passaram pela minha mentoria individual, da qual foram direcionados e hoje possuem uma imagem com propósito.

Entender que independentemente do que aconteça, temos um Deus que nos guia, orienta e tem os melhores caminhos preparados para cada um de nós, faz com que a jornada seja mais leve.

Se você chegou até aqui, eu acredito que você tenha entendido que uma imagem com propósito lhe levará a lugares inimagináveis, ajudará você a alcançar seus objetivos e muito além disso, irá refletir a sua alma, seu propósito e essência valiosa.

Agora, eu convido você a fazer uma reflexão: a imagem que você projeta hoje, faz com que você se sinta segura, confiante, confortável e consegue comunicar quem você de fato é? Sua imagem consegue inspirar outras pessoas a buscarem a sua melhor versão todos os dias? Entenda, a imagem que você projeta também pode ser um instrumento para tocar e inspirar positivamente outras pessoas.

Conheça-se, entenda-se e se ame! Para que você consiga cuidar de quem você ama, você precisa estar bem e se cuidar primeiro, para que possa transbordar na vida do outro.

Um beijo com carinho. Deus abençoe a sua vida!

Obs.: eu espero você em minhas redes sociais, para que possamos estreitar ainda mais a conexão que foi gerada por meio destas páginas.

"Assim como me vejo, sinto-me e me comporto! A imagem que você projeta desperta sentimentos e ações."

Maria Matos

Marineusa Alves Almeida

Eu sou Mari Almeida, natural de Jucuruçu/BA, resido em Jaru/RO com o meu amado esposo Mathias Velasquez, tenho dois filhos, Victor e Mylena, ambos empreendedores.

Eu sou mentora, escritora, consultora de imagem e estilo. Sou empreendedora desde meus 14 anos, acumulando mais de quatro décadas de experiências em atendimentos ao público, guiando centenas de mulheres no Brasil e na Europa, onde estudei moda e comportamentos.

Administradora, pós-graduada em Gestão Pública e Privada. Superei grandes desafios, minha primeira lembrança de trabalho foi quebrando pedra em uma pedreira com minha avó. Hoje sou prova viva de que é possível mudar, fazendo o que fazia na minha infância, mas hoje lapidando pessoas e levando a viver uma vida abundante.

marialvesalmeida
gabrielrodriguesfotografia
marineusa_almeida@outlook.com.br

26 Adaptando-se a mudanças

por

Marineusa Alves Almeida

Os ciclos da mulher empreendedora são inevitáveis. Quando olho para trás, vejo minha história, sei que vivi cada ciclo com intensidade, construí minha infância, adolescência, juventude e agora a fase adulta, a caminho para a terceira idade. É um ciclo de inquietações e questionamentos quanto ao futuro, existem perguntas que não se calam em minhas emoções. Como foi a primeira e como será a segunda metade da minha vida? Logo surge uma irritabilidade, com a sensação que o tempo parou para mim, as coisas não acontecem mais na velocidade que alguns anos atrás, sentimentos de inconstância acontecem com frequência, ora sinto-me estagnada, ora sinto que o tempo parece que corre cada vez mais rápido. Essa dura realidade me deixava perdida.

A primeira perda significativa que a mulher madura sofre é sem dúvida a perda da juventude, o envelhecimento do corpo é inevitável, a falta energia para executar projetos e conquistar novos sonhos.

O ciclo do envelhecimento trouxe mudanças no meu comportamento, por tudo que já vivi, minha trajetória desde a juventude, os sonhos não realizados, as experiências amorosas fracassadas, o divórcio, a síndrome do ninho vazio, o climatério, tudo isso trouxe consequências e sentimentos, como se não fosse possível realizar mais os meus sonhos.

A famosa crise da meia idade pode começar a partir de qualquer um desses sentimentos, mas também pode se transformar em uma etapa melhor de nossa existência, é a oportunidade que a mulher tem de entrar em contato com sua essência (sua identidade), enriquecendo o corpo e a alma, conhecendo-se a cada dia para usufruir melhor da vida que tem pela frente. É por isso que algumas crises se tornaram necessárias, pelo poder de provocar desequilíbrio em nossa estrutura emocional, para sairmos da zona de conforto, que nos obriga a lançar mãos de crenças e manias, nos levando à consciência do nosso estado atual.

Quando eu percebi que aceitar o tempo de vida era uma oportunidade de enriquecimento e aprendizado, o envelhecer passou a representar sabedoria. Mas para chegar nesse ponto não foi fácil, foi necessário viver uma longa jornada, um processo de mudanças de comportamento no meu estilo de vida.

Como a maioria das mães, sempre sonhei e incentivei meus filhos, Mylena e Victor, a estudarem e aprenderem a sonhar, terem seus próprios sonhos; como uma boa incentivadora, dentro de minhas possibilidades, paguei boas escolas, bons cursos, preparando-os para o futuro. Acredito que preparei meus filhos para voar, sim, e eles voaram mais cedo do que eu imaginava, não sabia eu o que poderia me acontecer; olhar para minha casa e ver os quartos que antes eram organizados todos os dias, agora intactos, dia após dia, já não ouço mais: "Oh, mãe, que horas são?", "Onde está minha mochila?", "Me leva no curso de inglês?", "Oh, mãe, vou sair agora!". Como isso faz falta até hoje...

Como se essa dor da síndrome do ninho vazio não bastasse, passei por um processo de separação depois de um relacionamento de mais de 30 anos de construção, família, empresas, igreja e amigos. Como administrar tudo isso? O sentimento de perdas, tristezas e frustrações, sem querer expor a situação para sociedade, pois estava sendo muito doloroso. Acredito que seja a primeira vez que estou sendo vulnerável, expondo-me publicamente para o mundo. Tudo isso acontecendo e eu entrando na menopausa, climatério, irritabilidade, pele ressecando, descontroles hormonais.

Eu sempre cuidei de minha imagem pessoal, vestia-me muito bem, procurava sempre estar atualizada com estudos e negócios, nunca abandonei minha espiritualidade, mas estava perdida dentro de mim, perdi minha identidade, minha essência, estava sem brilho. Entendendo que ninguém cresce sozinha, procurei ajuda, aproximei-me mais de Deus, busquei ajuda profissional, fiz cursos e imersões de autoconhecimento. Nesse período, fiz meu primeiro curso de consultoria de imagem e estilo, em uma modalidade de imersão, fiz terapia, *coaching*, fui a um retiro espiritual. Quando minha identidade foi restaurada, decidi ajudar outras mulheres que assim como eu, estavam perdidas, sem brilho, sem essência. Adaptar-se a novas mudanças requer autoconhecimento.

Depois dos meus 50 anos, decidi começar um novo ciclo, desenvolvi minha metodologia de autoconhecimento, para ajudar mulheres a se conectarem com sua verdadeira identidade. Nenhuma mulher que se conectar comigo e decidir viver a jornada, passará por esse processo doloroso, irei segurar na sua mão e, juntas, iremos trilhar uma vida de abundância, uma vida que o Criador fez para ser vivida. O primeiro passo é você dizer sim para você.

Para viver essa jornada, precisei ter algumas atitudes como estilo de vida. Aqui eu irei compartilhar com vocês cinco atitudes que foram primordiais para essa adaptação na minha nova fase.

Aproximar-se de Deus: nessas mudanças de ciclos, aconteceram tantas situações que perdi minha identidade, e uma das coisas que aconteceram foi a ausência de paz. Essa aproximação de Deus devolveu-me a paz.

Eu sempre fui uma mulher temente a Deus, estava integrada na comunidade por inteiro, mas em um determinado tempo, eu precisei ter consciência que não estava tão perto de Deus como eu imaginava; entrei em um processo desconstruindo algumas crenças que me mantinham na caixinha de uma religiosidade. Precisei me soltar de tantas certezas que adquiri ao longo da vida, nunca tinha tempo para me sentar, aprender e ouvir mais de Deus. Foi preciso fazer o caminho de volta, reconhecer minhas falhas, minhas limitações diante de Deus, humilhar-me diante do Criador para aprender a ouvir e falar com Ele. Eu estava com a alma ferida, eu precisava de cura, estava com minha alma abatida (Salmos 42:5). Participei de encontros espirituais, imersões, seminários, conferências e tive uma mentora espiritual. Nesse processo, aprendi que eu não era apenas uma pessoa religiosa e sim uma filha amada do Criador.

Comportamento: eu tenho o privilégio de meu esposo ser *coach* e analista comportamental. Fazer análise comportamental, para mim, é esclarecedor, entender que nem tudo é crença, nem tudo é trauma, nem tudo é ruim foi importante para que eu parasse com a autocobrança. Passei a me entender muito mais e a entender as pessoas também. Conhecer meus pontos fracos e meus pontos fortes, pois em algumas situações em que eu precisava de atitudes positivas, eu simplesmente paralisava. Com o processo de análise comportamental, eu agora busco fortalecer com atitudes comportamentais positivas e intencionais todas minhas ações. Conhecendo meus pontos fortes posso agir de forma intencional, o que me deixa muito mais confiante e segura.

Autoimagem: é a forma como eu me vejo. Por muito tempo eu era o que as minhas crenças diziam que eu era. Eu, por muitas e muitas vezes, ouvi pessoas me dizendo que eu tinha capacidade de fazer tal coisa, diziam-me que me viam voar alto, porém, com minha autoimagem disfuncional, não me via capaz de nada, apesar de sempre me vestir bem, de ser uma mulher linda, em algum momento me perdi e me tornei uma mulher insegura. O processo de autoimagem me fez enxergar que sou uma mulher determinada a conquistar meus sonhos, a não me limitar por pensamentos negativos. Tomei as rédeas da minha vida, entendendo que sou protagonista da minha história, pois agora olho para mim e acredito que sou capaz de realizar tudo o que desejar por meio do meu trabalho e entendo que posso ir muito mais.

Identidade: ninguém merece viver desconectada de sua essência. Eu irei partilhar dessa experiência que vivi e senti na pele, de me sentir perdida, sem saber quem eu era, muito menos para que propósito Deus me fez; entendo que eu ainda sendo uma substância informe, antes mesmo de chegar no ventre de minha mãe, antes de ser sonhada pelos meus pais, Deus já havia sonhado comigo (Salmos 139:16). Eu vivia para outras pessoas, querendo ser aceita por todos e por mais que eu fosse uma boa mãe, meu sentimento me dizia que não era o suficiente; por mais que fosse uma esposa dedicada, meus sentimentos diziam ao contrário. Eu tinha sucesso como empresária, colaboradores de excelência, mas ainda assim me sentia desvalorizada e sem autoridade. Nas minhas amizades, eu sempre me doava, sempre estava disposta a ouvir e ajudar ao máximo, em contrapartida, eu sentia as amigas sempre distantes e com minhas energias sugadas.

Nessa minha jornada de me conectar com Deus, no autoconhecimento e no comportamento, eu me encontrei com uma identidade restaurada e autêntica, e agora sabendo quem eu sou, e para o propósito que Deus me criou, sinto-me curada e restaurada, para pegar na sua mão e iniciar uma jornada à qual a levarei a viver o seu propósito de vida, com uma identidade equilibrada para uma vida abundante de paz, equilíbrio e generosidade.

Autoconhecimento: a minha definição de autoconhecimento é um mergulho profundo para dentro de mim, para minhas emoções e crenças. É como olhar para o espelho com muita coragem, verdade e humildade. Quando comecei esse processo de autoconhecimento, descobri um caminho sem volta, entendi que não era tão forte o quanto eu imaginava, passei por depressão, angústias, arrogância (achava que eu poderia dar conta de tudo, não tinha tempo para fraqueza). Esse processo de autoconhecimento também me trouxe consciência que, na verdade, eu tinha era medo de ser rejeitada.

Apesar de ter sido dolorido para meu ego, eu amei tanto o processo de autoconhecimento que me fez ir em busca de mais possibilidades e descobertas sobre mim. Estudar sobre minha personalidade me trouxe clareza e conhecimento de minhas crenças, entendi que são elas que regem as nossas vidas, elas que nos paralisam e nos impulsionam. Muitas dessas crenças são inconscientes, nem sabemos exatamente quando estão agindo, mas estão lá, escondidas na linha de nossa história, regendo nossas ações, nossa vida.

Pegue uma caneta e com muita coragem responda essas perguntas:

- Quais são as crenças que estão lhe guiando hoje?
- Quais são os medos que impedem você de avançar para o futuro?
- O que impede você tomar uma decisão?

"Ninguém merece viver desconectada de sua essência."

Marineusa Alves Almeida

Naiane Moraes

Eu sou Naiane Moraes, tenho 42 anos, casada há dezoito anos com Rafael, mãe de Samuel, 13 anos. Sou pastora por vocação, um chamado para o cuidado de pessoas que está totalmente alinhado com meu propósito de vida e caminho profissional.

Como nutricionista formada pela UFBA em 2005, atuei oito anos em Saúde Pública nos municípios do interior da Bahia e Pernambuco, onde morei. Sou apaixonada pelo cuidado e por multiplicar o acesso e o campo de trabalho para profissionais da minha área.

Há oito anos, descobri na confeitaria um meio para levar afeto às famílias. Como professora de confeitaria e mentora, impulsiono outras mulheres a superarem limitações e, com fé e coragem, escreverem uma nova história para suas vidas.

eusounaimoraes
+55 (71) 99951-9366
perolas.empreendedoras
fornodecasassa@gmail.com

27 Quebrando barreiras

por

Naiane Moraes

Eu sou nutricionista formada pela UFBA há dezoito anos, formei-me e me casei quase ao mesmo tempo e durante oito anos morei em municípios do interior da Bahia e de Pernambuco, onde trabalhei com muita paixão pela Saúde Pública. Mas, essa é uma outra trajetória, que não caberia contar agora!

Esta história começa no fim, ou melhor, no recomeço! Durante os oito anos que moramos fora, eu e meu esposo sempre tivemos como alvo voltar a morar em Salvador, onde tínhamos nossa história, amigos e comunidade de fé.

De repente, quando menos esperávamos, a porta foi aberta! Retornamos para Salvador. E o que parecia ser um sonho, tornou-se algo tão difícil e sofrido, principalmente para mim e meu filho, que na época tinha 3 anos. Não encontrei meu lugar! As pessoas ainda estavam aqui, mas a vida mudou, o tempo passou e nada era mais como antes!

Consegui também realizar o sonho de ingressar no mestrado na UFBA e com apenas um mês morando na capital, já estava bem empregada no mesmo hospital onde estagiei boa parte da minha graduação, e orientava uma pós-graduação à distância da Universal Federal de Pelotas.

Eu havia voltado, de verdade! Para os mesmos lugares, os mesmos professores, as mesmas colegas de trabalho, aquele mesmo ambiente. Mas eu não era a mesma.

Quem era eu?

Estamos tão acostumadas a viver nossos dias de forma automática que não nos damos conta de grandes transformações que acontecem!

Eu havia saído da cidade recém-casada, começando a vida, com apenas 23 anos! Retorno com 31 e um filho de 3 anos e uma bagagem de experiências profissionais diversas. Era inevitável que algumas coisas antigas não me coubessem mais, assim como as roupas da juventude. Mas, diferente do corpo, não bastava uma dieta e horas de atividade física para voltar a ser como era antes! Era necessário me reconectar comigo mesma. Redescobrir quem eu era naquele lugar velho e novo ao mesmo tempo.

Acredito que você já tenha se visto em situação semelhante!

Quantas vezes, após um dia de trabalho e rotina parou para pensar no porquê de fazer tantas coisas, todos os dias, da mesma forma? Somos tendenciosas a temer as mudanças e nos apegamos a qualquer resto do que já foi para nos sentirmos seguras.

Assim eu fiz. Eu era uma nutricionista bem-sucedida. Uma excelente aluna no mestrado tão sonhado. O que podia estar dando errado?

Escutando os sinais

Como saber se o que estamos fazendo é o melhor para nossas vidas?

Como algo que sempre foi bom pode, de repente, ser ruim?

Naturalmente, a vida humana tem fases! Desde o nascimento, passando pelas fases da infância, adolescência e vida adulta. Em cada uma delas, desenvolvemos características, aprendemos, crescemos e amadurecemos.

É comum nos moldarmos ao que aprendemos ao longo da vida.

Eu aprendi que o caminho para o sucesso era estudar em uma boa faculdade, fazer pós-graduações, trabalhar e ingressar em uma vaga de concurso público. Eu segui muito bem esse protocolo! Parecia um caminho óbvio.

Mas, algo que eu não conseguia perceber na minha mente, começou a aparecer em meu corpo, por meio de dores físicas insuportáveis, enxaquecas, medos que nunca tive antes. Algo errado estava acontecendo! Mas ainda assim, recusei-me a considerar algo emocional ou que havia algo errado em seguir o caminho que havia escolhido. Busquei médicos de diversas áreas, porque eu queria ter um diagnóstico e um tratamento e seguir minha vida normalmente.

Descobri que eu já estava com uma inflamação grave no quadril que me fez afastar-me do trabalho e um quadro de depressão profunda. E, nessa altura, também tive o diagnóstico de fibromialgia, o que justificava as dores que eu sentia durante toda a minha vida, mas que naquele momento de dor emocional, tinha chegado num nível insuportável.

Logo eu, que sempre fui tão alegre, motivada? Tão bem-sucedida, cumprindo tudo o que era esperado de mim, como isso aconteceu comigo?

A virada de chave

Parecia o fim! Afastada do trabalho, em tratamento com antidepressivos. Sem expectativa e sem ânimo para pensar no que fazer. Durante esse tempo, tive muito suporte da minha família e da minha comunidade de fé.

Em um dia, recebendo a visita de alguns casais amigos, movida pela saudade do interior, busquei na internet a receita de um bolo de maracujá. Eu nunca tinha feito um bolo de verdade, mas tive amigas boleiras maravilhosas que faziam muita falta. Fiz os bolos e, brincando com meu filho, criei uma marca: Forno de Casa.

Meus amigos comeram, perguntaram onde eu havia comprado e quando eu disse que eu havia feito, quiseram pagar por ele e surgiu minha primeira encomenda. Mas como? Se eu não sabia fazer bolo?

Havia uma palavra de Deus que ecoava em meu coração, embora ainda não entendesse do que se tratava: "Não fui eu que lhe ordenei? Seja forte e corajoso! Não se apavore, nem se desanime, pois o Senhor, o seu Deus, estará com você por onde você andar" (Josué 1:9). É necessário ter fé e coragem para transformar obstáculos em grandes conquistas! E assim eu encarei o desafio. Comecei a fazer bolos!

Eu tinha todos os motivos para desistir, recuar, mas Deus me deu coragem para tentar de novo e fazer algo que me desse prazer e que me permitisse cuidar de mim e da minha família. Minha empresa cresceu. Um simples bolo caseiro de maracujá abriu para mim um mundo de possibilidades. Três anos depois eu já dava aula de confeitaria e hoje vivo o que achava impossível! Vivo do meu negócio!

Cuidado com os sabotadores

Com certeza o processo de virada de chave não foi tão simples assim.

É muito importante reconhecer os sabotadores que podem surgir ao longo de uma jornada de transformação. Aqui estão alguns exemplos:

1. **Necessidade de aprovação dos outros:** sentir a constante pressão de provar que você está fazendo a escolha certa pode ser um grande

sabotador. Isso pode levar a decisões baseadas nas expectativas dos outros, em vez de seguir realmente o que faz sentido para você.

2. **Autocrítica excessiva:** às vezes, somos nossos próprios piores críticos. Se você se pegar constantemente duvidando de si mesmo ou se criticando por cometer erros, isso pode minar sua confiança e motivação.
3. **Medo do fracasso:** o medo de não alcançar o sucesso pode ser paralisante. Esse medo pode fazer com que você evite assumir riscos necessários para crescer e alcançar seus objetivos.
4. **Comparação com os outros:** comparar seu progresso com o de outras pessoas pode ser desanimador e prejudicial. Cada jornada é única! Olhar para a grama do vizinho pode desviar sua atenção do seu próprio progresso.
5. **Zona de conforto:** ficar preso na zona de conforto pode impedir o crescimento e a mudança. Mesmo que a mudança seja positiva, pode ser assustador sair do lugar familiar e enfrentar o desconhecido.
6. **Autoimagem negativa:** uma autoimagem negativa pode minar sua confiança e impedir que você veja seu verdadeiro potencial. Trabalhar na construção de uma autoimagem positiva e aprender a valorizar suas habilidades e conquistas é fundamental para superar esse sabotador.

Foi necessário me "re-conhecer", enfrentar meus medos, meus sabotadores, descobrir minhas potencialidades ainda não exploradas e me permitir viver com fé e coragem a transformação em minha vida!

O poder do autoconhecimento

Durante essa jornada de transformação, aprendi a olhar para mim mesma com mais generosidade. Percebi que precisava entender como as diversas áreas da minha vida estavam se comportando e reavaliar a rota sempre que necessário.

Descobri o poder do autoconhecimento, quando consegui tirar os olhos dos problemas e das dores e perceber o quanto de potencial que havia em mim e capacidade de enfrentar e ressignificar!

Hoje, conhecendo meu corpo e minhas limitações físicas, realinhei meus objetivos para meu propósito de vida de impulsionar e mostrar para outras mulheres, assim como você, que é possível transformar desafios em grandes conquistas. Reduzi minha demanda de encomendas, que exigia muito de mim fisicamente e invisto meu tempo em ensinar através do meu Programa de Mentoria Mulheres de Coragem.

Agora é sua vez: você sabe quem é você?

O autoconhecimento é a chave para transformar desafios em conquistas. Quando compreendemos melhor quem somos, nossas motivações, valores e medos, podemos tomar decisões mais alinhadas com nossos objetivos e viver uma vida mais plena e autêntica. Aqui estão algumas dicas práticas para começar essa jornada de autodescoberta:

Pratique a autorreflexão diária: reserve alguns minutos todos os dias para refletir sobre suas experiências. Pergunte-se o que deu certo, o que poderia ser melhor e como você se sentiu em diferentes situações. Escrever um diário pode ser uma ferramenta poderosa para organizar seus pensamentos e emoções.

Identifique seus valores inegociáveis: faça uma lista dos valores que são mais importantes para você. Isso pode incluir coisas como honestidade, liberdade, família, fé, etc. Entender seus valores fundamentais ajuda a alinhar suas ações e decisões com o que realmente importa para você.

Explore suas paixões e interesses: dedique tempo para atividades que lhe trazem alegria e satisfação. Isso pode revelar aspectos importantes sobre sua personalidade e ajudar a identificar áreas onde você pode crescer e se desenvolver.

Estabeleça metas pessoais: defina metas claras e específicas para o seu desenvolvimento pessoal. Estabelecer objetivos ajuda a direcionar seus esforços e monitorar seu progresso ao longo do tempo.

Busque apoio profissional: considerar a ajuda de uma mentora e terapeuta pode ser extremamente benéfico. Esses profissionais podem oferecer orientação especializada e estratégias para aprofundar seu autoconhecimento.

Lembre-se, o autoconhecimento é uma jornada contínua e cada descoberta é um passo rumo a uma vida mais rica e autêntica. Espero que minha trajetória seja uma inspiração para que cada desafio possa ser visto como uma oportunidade de crescimento, e que cada mulher encontre em si mesma a força e a coragem para transformar obstáculos em grandes conquistas.

"É necessário ter fé e coragem para transformar obstáculos em grandes conquistas!"

Naiane Moraes

Neila Thums

Eu sou Neila Thums, tenho 27 anos, sou esposa do Deivid Prigol, mamãe do Otávio, Mathias e de um anjinho. Sou mentora de empresárias, escritora, especialista em autoestima e poder pessoal.

Eu tenho formações em Recursos Humanos, Neurociência e Física da Consciência, Hipnose Ericksoniana, Clínica e Não Verbal, Mesmerismo, Programação Neurolinguística, Radiestesia e Radiônica, Mestra em Reiki Usui. Minha missão é tornar empresárias em mulheres prósperas em todas as áreas das suas vidas, por meio do seu poder e sua potência, para viver em abundância e plenitude.

Sou criadora dos métodos Ser de Poder e Mulher Virtuosa e Próspera, que vêm transformando a vida de milhares de mulheres pelo mundo todo, e a próxima pode ser você. Vamos juntas?

neilathums

neilathums10@gmail.com

+55 (49) 99171-5404

28 O poder oculto por trás de uma empresária próspera

por

Neila Thums

Se você pudesse ser quem você nasceu para ser, você seria quem você é hoje?

Bem, eu sempre tive um espírito empreendedor, então comecei a minha jornada desde muito cedo, quando o inconformismo começou a tomar conta do meu ser, definitivamente, eu sabia que não queria ter a vida que os meus pais tiveram, eu tinha uma certeza: eu não havia nascido para ser mandada, sempre quis ser dona do meu próprio nariz e logo vi que o único jeito era empreendendo, desse modo eu conseguiria colocar a minha criatividade e toda a minha energia. Sempre tive facilidade em vender e me comunicar com as pessoas, ou pelo menos eu achava que tinha.

Vim de uma família muito humilde e pobre, em que se reproduziam ciclos de escassez, traições, dores e sofrimentos. Isso era um reflexo da ignorância de quem parou no tempo. Quando eu tinha 6 anos de idade, meus pais se separaram e eu fiquei sozinha com a minha mãe, já que meus três irmãos tinham ido para outro estado tentar uma vida melhor. Pois bem, minha mãe teve que ir à luta para trazer o sustento para dentro de casa e eu praticamente me criei sozinha, amadureci cedo e tive que assumir responsabilidades que eu não tinha dimensão da proporção.

Aprendi a ser guerreira, porém, tornei-me muito carente, e sem ter a figura masculina presente, fui buscar isso fora, em relacionamentos; com 15 anos engravidei e foi a melhor coisa que aconteceu na minha vida (claro que hoje eu sei disso, mas na época foi muito difícil). Fui manicure por sete anos, e durante esse processo eu analisei muitos perfis das minhas clientes, escutava conversas, queixas, confidências e foi despertando cada vez mais a minha paixão por mulheres e autoestima. Trabalhei por quase sete anos como secretária de um bispo que fazia atendimentos terapêuticos e lá foi a maior escola da minha vida, eu atendia pessoas todos os dias com todos os tipos de queixas e doenças, despertando, de uma vez por todas, a minha missão.

Fui estudar e buscar ajuda, porque eu precisava quebrar esse ciclo de dor, sofrimento e escassez que vinha se arrastando na minha família. Tive relacionamentos tóxicos e abusivos, enfrentei abusos no trabalho e decidi que se eu não vim de uma família próspera, uma família próspera iria vir a partir de mim! Então, estudei e me especializei, sai da CLT e abri minha clínica de terapias. Nessa etapa, algo dentro de mim gritava fortemente, eu não queria ficar atrás de uma mesa, atendendo pessoas, até porque eu sabia que tinha algo de muito errado acontecendo com as pessoas.

Por vir de uma família pobre, eu achava que dinheiro resolvia a vida, e então, o que me intrigava era: por que as pessoas, mesmo com dinheiro, eram infelizes, tristes, depressivas e ansiosas? Uma onda chamada vazio existencial tomava conta das pessoas, e ainda toma, e é isso que impede as pessoas de prosperarem e viverem a plenitude.

Antes de eu prosseguir, preciso lhe dizer que meu foco é mulheres, porque a mulher é a chave da prosperidade, uma mulher sabia edifica o lar. Somente nós mulheres temos o dom da multiplicação, o poder de dar vida, de gerar vida. Isto é, o homem trás o dinheiro para dentro de casa, mas é a mulher que multiplica e faz dar frutos. O dinheiro foi apenas um exemplo, perceba que o masculino traz o alimento, mas é o feminino que prepara, multiplica e devolve uma refeição pronta, multiplicada. O homem dá o espermatozoide e a mulher devolve um filho. Repare que feminino e masculino são polaridades e não gênero como homem e mulher. Todos os gêneros possuem as duas polaridades, que são igualmente equivalentes.

Pois bem, fui em busca da minha cura e, para isso, precisei mergulhar no autoconhecimento, já que eu também passava pela crise do vazio existencial, essa crise traz o sentimento de que se tem tudo, mas ao mesmo tempo não se tem nada. A pessoa se sente exausta, sobrecarregada e sem energia, a libido sexual e pela vida desaparecem, a pessoa se sente triste, desanimada e, na maioria das vezes, nem sabe o porquê, passam a ter baixa autoestima e falta de confiança. Você se identificou? Isso acontece porque você está conectada a tudo e a todos menos a você mesma. Se você se conectar com o poder oculto que está dentro de você, a realização, a felicidade e a prosperidade chegarão até você e ficarão.

Identidade, o seu poder está em ser quem você realmente é. Só que você está cheia de rótulos, títulos, crenças, feridas, traumas que simplesmente distanciam você da sua essência. Você precisa saber qual é a sua versão potente e a sua versão limitada, quais são as máscaras que você usa para sobreviver?

É na sua identidade que está o seu poder e eu costumo dizer que você pode estar em um CPF inválido; imagine que você está prestes a realizar um sonho e, chegando perto, possui uma porta, nela tem uma catraca e você tem que passar a sua identidade e o seu CPF, mas aparece uma mensagem dizendo: "CPF inválido", sua identidade não foi reconhecida! Você não pode realizar o seu sonho, pegar a sua conquista, isso acontece porque você não é você e você não sabe quem você é.

O erro de muitas pessoas é investir em autodesenvolvimento, antes de investir em autoconhecimento.

Não é possível se conectar com o seu propósito se você não estiver cheia de si, e não confunda propósito de vida com aquilo que você tem se proposto a fazer. Eu já me propus a fazer muitas coisas que não estavam alinhadas com o meu propósito e isso nos deixa em dor e sofrimento. O propósito primordial de todo ser humano é servir e evoluir, tudo o que fica parado adoece ou apodrece, a roda da fortuna consiste em primeiro dar, para depois receber, por isso ganha mais quem ajuda mais pessoas.

Esteja em movimento e busque estar em constante evolução e ela começa em saber quem você é e não o que disseram que você seria. A vida não é sobre o que fizeram com você, mas sim sobre o que fizeram para você e é você quem decide o que vai fazer com isso. Todas as vezes que você desejar ir para o próximo nível, você será colocada à prova. Você se lembra de quando estávamos no colegial e a cada semestre tínhamos que fazer uma prova para que fôssemos analisadas se estaríamos aptas a ir para o próximo nível? Na vida é exatamente assim, e quando você não aprende com a situação, ela se repete. Você reprova, roda de ano. Tudo o que você resiste, persiste na sua vida.

Eu me tornei mentora de empresárias depois que mapeei o passo a passo que apliquei na minha vida e na vida de centenas de outras mulheres que se tornaram prósperas, saudáveis, felizes e realizadas. Quero compartilhar com você o método Ser de Poder, com base em seis pilares que vão fazer você se conectar com a sua verdadeira identidade e a sua grandeza interior, para ser e ter tudo o que sempre sonhou.

1º pilar - Coração ensinável: abra o seu coração para aprender e evoluir com o seu passado. Aqui é o momento de limpeza e autocura.

2º pilar - Autoconhecimento: quem você é se tirarem o seu carro, a sua casa, a sua empresa, seus títulos? Aqui acontece a reconexão com a sua essência.

3º pilar - Disciplina: conexão com o motivo que lhe move para fazer você agir e ter constância.

4º pilar - Autorresponsabilidade: você pega as rédeas da sua vida e decide o que faz com tudo aquilo que fizeram para você.

5º pilar - Magnetismo: você aprende a se tornar um ímã de amor e prosperidade. Aprende a atrair o que quer e a repelir o que não quer.

6º pilar - Mentalidade: você aprende a usar o poder da sua mente consciente e inconsciente ao seu favor.

Com esses seis pilares você valida a sua identidade divina e se torna um ser de poder. A partir disso, chegou a hora de você expandir todo o seu poder e se conectar com o seu propósito, pois é nele que está toda a sua potência.

Então, você passa a ser uma mulher virtuosa e próspera que se baseia em três pilares:

Propósito: você descobre para que você veio servir e de que forma.

Família: torna-se uma mulher de virtudes, ocupa o seu lugar de rainha dentro do lar e onde se propõe estar.

Negócios: torna-se multiplicadora de resultados positivos na vida das pessoas e no mundo.

A vida que você deseja ter depende da pessoa que você se dispõe a ser! O poder oculto por trás de uma empresária próspera é que ela é uma mulher próspera porque é conectada com o seu poder e sua potência. As empresas, os negócios, a família, a conta bancária, o estilo de vida, as viagens, são apenas um reflexo do que ela se dispôs a se tornar.

Uma mulher próspera está sempre inserida em ambientes porque em ambientes têm pessoas, pessoas têm ideias, ideias conduzem as nossas ações e são as nossas ações que geram os nossos resultados. Então, esteja em ambientes que tenham pessoas que já têm os resultados que você deseja. As pessoas têm o "como", e na maioria das vezes você até sabe o que precisa fazer, mas não sabe "como" fazer, e o "como" sempre está com uma pessoa e em algum lugar. Entenda, sem acesso não há sucesso. A sua oportunidade sempre está na mão de alguém!

Decida qual é o preço que você vai querer pagar, a vida sempre cobra um preço e pode ser que você esteja pagando um preço alto demais por fugir de ser quem você nasceu para ser.

Nós nascemos para espalhar e não para acumular. Coloque sua voz no mundo, ninguém faz como você faz, com o seu jeito, por mais que outras pessoas tenham as mesmas formações, qualificações, elas não têm a sua história de vida, porque você é única e preciosa. Tenha coragem e atitude para ser quem você nasceu para ser. A sua atitude define a sua altitude.

Se você chegou até aqui acredite não foi por acaso, existe um chamado que não é meu, mas sim da sua alma, então atenda ao chamado.

Você chegou até aqui, quero honrá-la presenteando-a com uma sessão de mentoria diretamente comigo e 100% gratuita, basta entrar em contato comigo pelo WhatsApp ou Instagram, que estão no início deste capítulo, e dizer que você é uma leitora deste livro. Será uma honra pegar na sua mão e conduzir você em uma jornada ainda mais profunda de libertação, conexão e expansão.

Vamos juntas?

"A vida que você deseja ter depende da pessoa que você se dispõe a ser. E lembre-se: a sua oportunidade sempre está nas mãos de alguém!"

Neila Thums

Paula Mello

Eu sou Paula Mello, natural de Birigui/SP, resido em Alphaville/SP, onde fundei a agência Boutique Brands PRO, especializada em posicionamento de marcas. Sou *brand manager*, pós-graduada em Marketing Digital e Branding e atuo como mentora. Eu sou graduada em Moda, isso me impulsionou a lançar minha primeira marca aos 20 anos, partindo do zero. Especializei-me em Design de Joias para me destacar no nicho, e em cinco anos conquistei mais de dez mil clientes e 65 revendedoras no Brasil, Europa e Estados Unidos.

Como jovem empreendedora, superei desafios sem experiência prévia, provando que com coragem e determinação podemos mudar nossa realidade. Minha autenticidade me levou onde estou hoje, destacando minhas habilidades e minha determinação inabalável.

soupaulamello

+55 (18) 99751-9799

29 Autenticidade, a chave para o sucesso!

por

Paula Mello

Você já teve aquela sensação de ser diferente, desde a infância? Enquanto a maioria seguia o padrão tradicional da vida na cidade, eu ansiava por algo a mais. Nasci em Birigui, no interior de São Paulo, em uma família simples, meu pai agricultor e minha mãe costureira, o que despertou em mim o interesse pela moda. Decidi seguir este sonho, prestar vestibulares concorridos e mesmo sem frequentar escolas particulares, dediquei-me muito e ganhei uma bolsa na UNIRP, em São José do Rio Preto.

Chegar lá, aos 17 anos, foi um desafio. Desde andar de ônibus, até os momentos de solidão e o preconceito por ser bolsista, mas mantive meu foco. Eu só queria saber como iria deixar minha marca no mundo, realizar meus sonhos e proporcionar uma vida diferente para minha família. Essa determinação foi o que me impulsionou até aqui.

Ter um objetivo definido é tão crucial quanto entender o caminho para alcançá-lo. Enquanto muitos me viam como uma simples garota bolsista, eu tinha um foco implacável em me destacar. Foi assim que estabeleci conexões importantes, incluindo uma amiga de sala, dona de uma grande marca nacional, que se tornou uma inspiração para mim. Comecei a ajudá-la, fazendo desenhos de moda, o que me permitiu ficar próxima a ela. Durante esse convívio com essa empresária de sucesso, eu entendi que precisava jogar o mesmo jogo se quisesse mudar minha realidade. Sempre digo: se você quer ser dentista, estude odontologia; se quer ser advogado, estude direito. Mas e se você quer empreender? Aprenda com quem já empreende.

Embora estivesse estudando Moda, eu sabia que queria criar minha própria marca. Depois de ajudá-la com meus desenhos, ela me ofereceu um estágio de estilista. Dias intensos se transformaram em noites sem dormir, dedicando-me à produção de coleções, pesquisas e entregando o meu melhor.

Após um ano, nós nos formamos juntas, e ela me fez uma proposta para ser a estilista principal de uma nova marca que lançaria do zero. Confesso que tive medo de falhar, mas topei o desafio, prefiro me arrepender das coisas que fiz do que me arrepender das coisas que não fiz. Quase um ano depois, percebi que, embora tivesse reconhecimento, estava me afastando do meu objetivo inicial de ter minha própria marca. Foi aí que decidi deixar de ser CLT e me tornar empreendedora aos 20 anos. Para mim, arriscar era necessário, pois o tempo estava passando e meus sonhos estavam guardados. Comecei a buscar em que empreender e um dia numa conversa com uma amiga, ela me viu usando um colar que eu havia montado e gostou muito. Naquele momento, pensei: "É isso! Vou criar uma linha de acessórios!". Foi assim que nasceu minha marca, Paula Mello.

As dez lições do empreendedorismo

Ao abrir a loja física, não tinha noção do quanto isso exigiria energia, tempo e dinheiro. Lembro-me exatamente de ter apenas R$ 1.580,00 para comprar mercadoria ou pagar o aluguel. Então, na minha mente, era claro: comprar mercadoria, dobrar o valor investido e multiplicar.

Lição 1 - Faça a oportunidade surgir. Quantas vezes você já pensou em começar algo e parou? "Ah, não surgiu a oportunidade certa". Nunca irá existir se você não a criar.

Na época, eu não tinha condições para mobiliar a loja, então comecei a reformar móveis e objetos que encontrava na rua. Com o tempo, fui trocando e me adaptando, mas cada parte da loja tinha minha personalidade.

Lição 2 - Faça o que pode com o que tem à disposição hoje. Você nunca estará com tudo perfeito. O jogo é executar. Planejar é essencial, mas executar é fundamental. Quantas vezes você já viu profissionais menos qualificados que você obtendo resultados? Esteja em ação.

Como disse o general americano George Patton, na 2ª Guerra Mundial: "Um bom plano executado rigorosamente agora é melhor que um plano perfeito executado na próxima semana" (*apud* Kepler, 2021). Vale lembrar que, quando decidi abrir a loja, pensei exatamente no ponto focal de um negócio: o cliente.

Então, se meu negócio não estivesse dentro do shopping, ele deveria estar num lugar com grande fluxo de pessoas. Estrategicamente, escolhi uma esquina positiva e perto da maior faculdade da cidade.

Lição 3 - Seja extremamente estratégico e intencional. O jogo do empreendedorismo não aceita amadorismo. Então, execute sim, o mais rápido possível, mas tenha uma estratégia.

O tempo foi passando, tiveram meses que as contas não fechavam, que eu não tive salário, bateu o desespero, tiveram lágrimas, mas eu nunca foquei no problema, sempre na solução.

Lição 4 - Se as coisas não estão como deseja, respire fundo e tente olhar dissociado. Imagine-se num labirinto, tentando encontrar uma saída, mas você está tão atormentado que não enxerga a saída à sua frente. Quando você para e passa a observar de fora, o olhar diante da situação muda. Isso é olhar dissociado.

O fator desespero pode lhe tirar do foco, do objetivo e destruir o seu sonho. Pare de pensar que só acontece coisa ruim com você, que Deus está lhe prejudicando. Deus nunca duvidou de você, quem duvida é você mesmo pela falta de fé. A fé é algo que não vemos, nós sentimos. É pisar num degrau e não enxergar o próximo. Viva de fé! Os meses foram passando e eu fui também em busca de soluções para os "problemas" das minhas clientes e decidi fazer uma nova formação, Design de Joias.

Lição 5 - Esteja sempre em movimento, frequente cursos e *masterminds*, valorize os mentores. Essas pessoas irão facilitar o seu caminho, diminuir anos de erros para que você alcance mais rápido o sucesso.

Com o aprimoramento em Design de Joias, eu aprendi sobre pontos importantes que minhas clientes apontavam como o peso da matéria-prima e alergia ao metal, e isso me fez buscar inovação.

Lição 6 - Seu maior ativo é o cliente, valorize cada *feedback*, cada crítica e avalie. Foi ouvindo reclamações que fui em busca de uma técnica pioneira no Brasil, o que trouxe o maior ápice para minha marca.

Nesse momento eu me dediquei ainda mais em entender não só o meu cliente atual, mas o cliente que eu queria ter. Existe uma grande diferença no cliente que hoje você atende e o cliente que você deseja atender.

Lição 7 - Mesmo que você não esteja no mesmo nível do seu cliente perfeito, posicione-se como tal. Quando eu entendi os lugares que as minhas clientes frequentavam, o que elas buscavam como sentimento, quais os valores eram fundamentais na vida delas, a minha chave virou. Por um dia, tente se comportar como o cliente que você quer ter. Qual restaurante ele frequenta? Quais marcas ele deseja? O que é mais importante para ele? Qual carro ele tem? As respostas vão te dar um norte para você trabalhar a pirâmide da excelência.

Se você ainda não trabalha no seu negócio, a pirâmide da excelência, me mande uma mensagem no Instagram que irei presenteá-la com esse material. A partir do momento que pratiquei a excelência em todos os pontos de contato com o cliente, o jogo foi para outro nível, e pessoas começaram a me procurar para representar a marca em outros estados e países.

Lição 8 - Traga para dentro do seu negócio experiências. Não estou dizendo apenas do café ou do mimo, estou falando de pensar "fora da caixa". O que você pode fazer para seu cliente que ele irá se surpreender? O que surpreende não é o diferente. O diferente a pessoa fala:"Ah, que legal!", já o que surpreende, ele causa impacto e surpresa. E isso, quando causado de forma positiva, gera admiração e uma relação afetiva com confiança.

Esses admiradores irão se tornar verdadeiros propagadores espontâneos on-line e off-line. No mundo digital, uma postagem de indicação vale ouro, desde o dia que eu resolvi empreender, eu usei as plataformas digitais para dar voz ao meu negócio e isso sem dúvida potencializou. Com tudo isso, especializei-me em marketing e *branding*, para construir uma comunicação de marca de forma estratégica. Nos primeiros cinco anos, eu deixei de vender produto por preço e passei a vender valor. Já não era um acessório de "X reais", era o poder de ser a mais bonita numa festa, a que mais chamava a atenção e isso não tem preço porque tem sentimento e emoção, o que importava era o que representava para aquela pessoa usar esse acessório assinado pela Paula Mello, e como esse momento iria ficar na memória.

Lição 9 - Já ouviu aquele ditado: "Quem não é visto não é lembrado?". Pois é, por isso o posicionamento da sua marca é fundamental. Não é apenas em um Instagram, ou uma embalagem, não são coisas isoladas, é um conjunto de elementos que fazem com que as pessoas construam uma percepção sobre seu negócio. Se você tem a impressão de que, hoje, vende por preço e não por valor, é porque você não está comunicando adequadamente, está tendo o que chamo de ruído; é como um sinal de *wi-fi* que não está chegando com conexão na ponta, por isso, invista no seu posicionamento de marca.

E, por fim, quando decidi cuidar da minha imagem pessoal, algo extraordinário aconteceu. Minha marca ganhou uma nova dimensão, uma visibilidade que ultrapassou todas as expectativas. A marca pessoal é de extrema importância no mundo dos negócios.

Lição 10 - Sua marca pessoal é seu maior ativo. Ela pode ser a diferença entre o sucesso estrondoso e o fracasso inevitável do seu negócio. Você pode ser apenas mais uma na multidão, ou pode ser aquela que atrai todos os olhares. A escolha é sua.

Após quase dez anos com a minha marca, decidi vendê-la. Afinal, um negócio pode ser herdado, vendido ou falir. A partir daí, comecei a receber convites de outras marcas para desenvolver estratégias de posicionamento, assim como fazia para a minha. Hoje, já são mais de setenta marcas que gerenciei o posicionamento, e chamo esse processo de Capital de Marca. O capital de marca não é para empreendedores que veem o negócio como uma simples fonte de vendas. É um investimento de longo prazo para a saúde do seu negócio, no qual você constrói algo intangível ao longo dos anos, alinhando sua marca pessoal com a empresarial, criando estratégias on-line e off-line para aumentar o valor da sua marca, conquistar admiradores e alcançar o reconhecimento.

Se você se interessou em construir um capital de marca, mande um *direct*, vamos juntas construir marcas que surpreendem! E se essa leitura fez sentido para você, compartilhe comigo.

Referência

KEPLER, João. *Feito é melhor do que perfeito*. Disponível em: https://gazzconecta.com.br/vozes/nova-economia-com-joao-kepler/feito-e-melhor-do-que-perfeito/. Acesso em: 5 jul. 2024.

"Sua marca pessoal é seu maior ativo. Ela pode ser a diferença entre o sucesso estrondoso e o fracasso inevitável do seu negócio."

Paula Mello

Regina Borges

Eu sou Regina Borges, 44 anos, mãe, empresária, mentora, palestrante apaixonada por desenvolver pessoas, mas antes de tudo, mulher. Atuo há mais de vinte anos no mundo corporativo, entendi que uma jornada de sucesso se constrói quando todos empreendemos em nós mesmos, seja na CLT ou no próprio negócio, a sua identidade é a sua maior marca.

Na construção da minha marca, me tornei LinkedIn *TOP Voice Training & Team Management Voice*. Engenheira de formação com diversas especializações, pós-graduação e MBA. Fundadora da RB Soluções, uma inovadora incansável que transforma mentora empreendedoras e líderes que buscam transformar os seus resultados.

regina.borges_ofc

reginasolucoes@gmail.com

Regina Borges

+55 (11) 95223-2421

30 Seja a sua maior marca

por

Regina Borges

Imagine um mundo onde você é reconhecido não apenas pelo que faz, mas por quem você é. Um mundo onde sua presença é inconfundível e seu impacto é memorável. Esse mundo é possível e está ao seu alcance.

Você já se sentiu como mais uma na multidão, lutando para se destacar em um mercado saturado? Já teve a sensação de que, por mais que se esforce, seus talentos e habilidades passam despercebidos? Isso não é apenas frustrante, é desmotivador. E a razão é simples: a maioria de nós não foi ensinada a ser nossa própria marca.

Mas e se eu lhe dissesse que há uma maneira de transformar essa realidade? Que existe uma estratégia poderosa que pode lhe diferenciar de todos os outros e fazer com que suas conquistas sejam reconhecidas? Essa estratégia é construir e fortalecer a sua marca pessoal.

Vou compartilhar uma história real e as estratégias práticas utilizadas pela nossa personagem que você pode começar a aplicar imediatamente. Imagine a diferença entre ser alguém que simplesmente entrega resultados e ser alguém que inspira confiança e admiração. É uma diferença gigantesca, e vou lhe mostrar como alcançar isso.

Sabia que as pessoas lembram mais de como você as faz sentir do que as palavras que você diz? É o poder da sua marca pessoal. Uma marca pessoal forte não só abre portas, mas cria conexões duradouras e significativas. Imagine ter a capacidade de influenciar, inspirar e liderar com autenticidade. De ser uma referência no seu campo e ver as oportunidades surgirem de todas as direções.

Para lhe ajudar a construir a sua marca, irei lhe contar a história da Maria (nome escolhido que representa muitas mulheres), uma mentora de sucesso, que inspira outras mulheres a se tornarem suas maiores marcas, requisitada em palestras, mentorias e treinamentos concorridos, por ter descoberto o poder da marca. Mas para entender como Maria chegou ao final, é necessário voltar começo.

E como toda boa história essa começa com o "Era uma vez Maria...".

A infância

Desde pequena, Maria sentia o peso das expectativas e limitações da vida na periferia. Mas o que ela não sabia era que, a cada desafio que enfrentasse, seria uma peça fundamental para um futuro inimaginável.

Crescer na periferia de São Paulo não foi fácil para Maria. Os dias eram longos e as dificuldades, muitas. Filha de pai caminhoneiro e trabalhador incansável, Maria aprendeu cedo o valor da resiliência. Mas, apesar do trabalho árduo, o sentimento de insuficiência era comum. Ela observava o mundo ao seu redor e se perguntava se um dia conseguiria superar as barreiras impostas pela sociedade.

Durante a escola, Maria era uma aluna dedicada, mas a dúvida sempre pairava sobre sua cabeça. As condições precárias de estudo e a falta de recursos minavam sua confiança. Ela ouvia, frequentemente, que sonhos grandes eram para pessoas de bairros ricos, não para meninas da periferia. No entanto, algo dentro dela não queria aceitar essa "verdade". Maria observava as dificuldades do pai e jurou a si mesma que encontraria um caminho melhor.

Maria enfrentou muitos desafios durante a adolescência. Mesmo assim, ela nunca deixou de sonhar com um futuro diferente. As histórias de pessoas que, apesar de tudo, conseguiram vencer na vida, eram suas principais fontes de inspiração.

Passo 1 - Acredite nos seus sonhos e na sua capacidade de transformação, mesmo que as pessoas que você mais ama lhe façam pensar o contrário.

Maternidade e virada

Aos 19 anos, Maria se tornou mãe solteira. Esse foi um momento decisivo em sua vida. Ela sabia que precisava oferecer um futuro melhor para seu filho. Enquanto muitas pessoas se entregavam às dificuldades, Maria começou a buscar formas de mudar sua realidade. Ela decidiu investir em sua educação.

Com a ajuda de bolsa de estudos, ingressou na faculdade de engenharia. A vida de Maria não se tornou magicamente fácil, mas ela estava determinada.

Na faculdade, Maria enfrentou um novo conjunto de desafios. Ela era uma das poucas mulheres em sua turma e, muitas vezes, a única mulher negra. Mas, Maria manteve-se firme, sabia que para o seu filho precisava ser mais do que uma estatística. As aulas eram puxadas e conciliar os estudos com a maternidade era um desafio diário. Muitas noites, Maria estudava com o filho e ele adormecida em seu colo.

Cada obstáculo superado na faculdade era uma vitória pessoal. Ela aprendeu a valorizar cada pequena conquista, desde uma boa nota em uma prova até a finalização de um projeto difícil. Os desafios a tornaram mais resiliente e determinada. Maria começou a se destacar não apenas pela inteligência, mas pela garra e determinação que demonstrava.

Passo 2 - Seja resiliente, obstáculos irão surgir seja qual for a sua escolha, então arrisque-se e escolha progredir.

Início da carreira

Após anos de esforço, Maria se formou e conseguiu um emprego em uma empresa de engenharia respeitável. Mas, o verdadeiro desafio estava apenas começando. No ambiente corporativo, Maria teve que lutar por reconhecimento e respeito. Muitas vezes, sentiu-se isolada e desvalorizada. Ela enfrentava o desafio duplo de ser mulher e negra, em um setor predominantemente masculino e branco.

Os primeiros anos no emprego foram especialmente difíceis. Maria tinha que provar constantemente seu valor e competência. Os colegas frequentemente duvidavam de suas habilidades e ela se via obrigada a trabalhar o dobro para receber metade do reconhecimento. No entanto, Maria usou essas dificuldades como combustível para seu crescimento.

Determinada a não deixar que o preconceito a definisse, Maria começou a buscar formas de se destacar ainda mais. Participou de cursos de especialização, envolveu-se em projetos desafiadores e não teve medo de se posicionar. Ela sabia que, para mudar a percepção das pessoas, precisava ser excelente em tudo o que fazia.

Passo 3 - Busque o autoconhecimento, entenda seus limites e mantenha seus valores.

Transformação e empreendedorismo

A grande virada na vida de Maria veio quando ela participou de uma imersão. Ali, ela encontrou inspiração e, mais importante, uma rede de apoio. As palavras de outras mulheres que haviam superado desafios semelhantes tocaram seu coração e acenderam uma chama de determinação. Maria começou a ler livros sobre desenvolvimento pessoal, liderança e marca pessoal. Ela percebeu que, para se destacar, precisava ser autêntica e valorizar suas origens, ao invés de escondê-las. Sua história de superação começou a se tornar uma parte fundamental de sua identidade.

Passo 4 - Invista na sua imagem pessoal, demonstrar cuidado e elegância não lhe darão apenas autoridade, mas lhe darão segurança.

Com o tempo, Maria começou a compartilhar sua história em pequenos eventos e palestras. Sua autenticidade e coragem inspiraram muitos. As redes sociais se tornaram uma plataforma poderosa para ela. Cada post, cada palestra, cada interação reforçava sua marca pessoal. As pessoas começaram a ver em Maria um exemplo de superação e determinação.

Maria percebeu que muitas mulheres enfrentavam os mesmos desafios que ela enfrentara. Elas precisavam de orientação, apoio e inspiração. Foi então, que ela decidiu se tornar uma mentora. Maria queria ajudar outras mulheres a encontrarem o caminho para o sucesso e a se tornarem suas próprias maiores marcas. Ela fundou uma empresa de consultoria focada no desenvolvimento pessoal e profissional de mulheres.

Como mentora, Maria usava sua história para mostrar que era possível superar qualquer obstáculo. Ela ajudava suas clientes a identificarem suas habilidades, a se posicionarem no mercado e a construírem suas marcas pessoais. Maria se tornou uma referência no assunto e suas palestras e *workshops* eram sempre muito procurados. Ela ensinava que, para ser bem-sucedida, é fundamental acreditar em si mesma e investir em seu próprio crescimento.

Passo 5 - Desenvolva o *networking* e transforme seu ecossistema, conheça pessoas que fazem parte do universo que pretende ser inserida, busque a mesa certa, seja autêntica.

Impacto e reconhecimento

A história de Maria começou a ganhar reconhecimento. Ela foi convidada para dar palestras em grandes empresas e eventos. Suas palavras eram poderosas e inspiradoras. Maria não apenas falava sobre superação, mas também sobre a importância de ser autêntico e fiel a si mesmo.

Sua autenticidade conquistava corações e mentes. As pessoas se conectavam com sua história de uma forma profunda. Maria mostrava que, independentemente de onde começamos, podemos alcançar grandes coisas se acreditarmos em nós mesmos e investirmos em nosso crescimento. Ela se tornou um exemplo vivo de que é possível transformar desafios em oportunidades.

Maria também começou a escrever sobre sua jornada. Seus artigos e livros eram lidos por milhares de pessoas. Ela usava sua plataforma para falar sobre temas como igualdade, diversidade e inclusão. Maria queria que sua história inspirasse outras pessoas a lutar por um futuro melhor e mais justo.

Hoje, Maria é uma mentora de sucesso, uma referência para muitas mulheres que enfrentam desafios semelhantes. Suas palavras têm peso e impacto. Ela não apenas transformou sua vida, mas também a de muitas outras pessoas que encontraram em sua história uma fonte de inspiração. Maria provou que, para ser nossa maior marca, não importa onde começamos, mas como transformamos cada desafio em uma oportunidade de crescimento.

Passo 6 - Seja uma inspiração, conte a sua história e acredite no seu processo. Seja você a sua maior marca e inspire outras pessoas com sua jornada.

Exercício de visualização

Para encerrar, convido você a fechar os olhos e visualizar seu próprio "porquê". Imagine-se superando seus maiores desafios, inspirando outros com sua história. Sinta a alegria de cada conquista, a conexão com aqueles que lhe apoiam, a satisfação de cada meta alcançada e a paz de estar no caminho certo.

Abra os olhos e leve essa visão com você. Transforme-se na sua maior marca e inspire o mundo ao seu redor.

"Quando você entende que você é a sua maior marca, barreiras caem, portas se abrem e o sobrenatural acontece!"

Regina Borges

Tamila Braz

Sou Tamila Braz, 43 anos, paraense, casada com Freddy há vinte anos, com quem construi uma linda família, sou mãe das preciosidades Gabriel, 13 anos, Julia, 9 anos e Helena, 9 anos.

Advogada de formação, exerci por 16 anos a profissão que me ensinou a conectar com pessoas e enxergar além das dores que precisavam ser solucionadas. Após um acidente em 2015, que foi um divisor de águas em minha vida, fiz a gratificante transição de carreira para o mundo das terapias e do desenvolvimento humano.

Hoje, atuo como terapeuta de mulheres, sou mentora, palestrante, facilitadora de treinamentos na área e cocriadora da imersão "Despertar Feminino".

Que eu seja contribuição com mais um capítulo da sua história: "Quem escolhe a rota é você!".

eusoutamilabraz

tamilaabbraz@gmail.com

+55 (91) 99151-7292

31 Quem escolhe a rota é você!

por

Tamila Braz

O início

A verdade é que não nascemos prontos. Não temos "bola de cristal", não possuímos a receita do bolo que vai ser moldado pelas nossas experiências. Assim seria bem mais fácil, não é? Mas, será que teria o gosto das vitórias?

Brincadeiras à parte, nascemos completamente dependentes de dois seres que resolveram um dia entrelaçar as suas histórias e nós chegamos para aprender a desenhar as linhas da nossa história. Colecionando culturas, criando hábitos e enraizando valores, fomos nos desenvolvendo junto aos medos e inseguranças, como seres em evolução que somos.

Nessa jornada, geramos conexões e por inspirações moldamos nossas escolhas.

E é aqui que começa uma parte da minha história que compartilharei, assim como dicas e *insights* valiosos que conectei para a "virada de chave", e que fizeram todo sentido para eu alcançar o degrau em que me encontro, nessa vida de infinitas oportunidades e possibilidades que todos podemos ter acesso. Decidindo e escolhendo a rota para alcançar o próximo nível.

Vamos juntas?

Querer é diferente de acreditar

O perfil de pessoas que me inspiram são aquelas que sabem onde querem chegar, comunicam-se com clareza, são altruístas, organizadas, planejadas e, ao mesmo tempo, empáticas, com um toque de leveza e criatividade.

Eu sou apaixonada por gente. Fascina-me o universo do desenvolvimento humano e como somos capazes de nos reinventarmos, desde que tenhamos as ferramentas certas para alcançar nossos objetivos. Mas, vamos à minha história e às dicas valiosas que fizeram grande diferença para mim.

Minha formação acadêmica foi na área jurídica. Ao longo dessa jornada, o trabalho fluía, eu me sentia preenchida e satisfeita. Fiz diversos cursos, especializações, morei em outro estado, escrevi, gerei *networking* e conquistei habilidades que até hoje fazem a diferença para mim.

Minha felicidade era atender pessoas e resolver problemas dos clientes. Mas, faltava algo. Responder onde queria chegar, traçar metas e objetivos que me levassem a um resultado específico, eu não sabia. Vivia como diz aquela música do sambista Zeca Pagodinho: "Deixa a vida me levar", deixando que o destino me guiasse, à deriva. Não era a protagonista da minha história e, sim, mera expectadora e coadjuvante da história dos outros. Para onde o vento soprasse, eu ia.

Somados a isso, existiam medo e insegurança. Tinha dificuldades para escolher a rota, traçar o caminho e construir prosperidade e abundância, além dos projetos, tarefas e responsabilidades que só aumentavam. Sentia-me sobrecarregada, sem energia e sem o retorno financeiro, além da dificuldade em saber dizer "não", que me levavam para uma condição de vitimização, sensação de não merecimento, baixa autoestima, baixa autoconfiança e baixo autovalor.

Vejo essas mesmas condições vivenciadas por muitas mulheres que tenho auxiliado e que chegam em meu consultório esgotadas, desorganizadas, perdidas e desconectadas da sua essência.

Queria liberdade de tempo, financeira e de espaço mas, o ponto era que as escolhas que eu estava fazendo não me levavam a um resultado diferente do que eu vivia. As verdades em que eu acreditava (crenças) eram mais limitantes do que as que me impulsionavam para o progresso.

O que adiantava eu querer algo, mas não acreditar que seria capaz e merecedora dessa conquista? Urgia mudar! Transformar padrões de crenças negativas, buscar ajuda e construir uma nova história. Precisava querer e acreditar!

A virada

Uma das primeiras lições foi ter a certeza de que somos energia em movimento e atraímos exatamente o que vibramos.

A ciência moderna tem realizado estudos no sentido de que a mentalidade positiva e proativa melhora nossa qualidade de vida, assim como nossas ações de forma proativa. Eu estava na contramão da prosperidade. Vibrava medo, insegurança, escassez e colhia mais do mesmo. A virada precisava da minha decisão.

A vida me despertou no final de 2015. Eu e meu esposo, numa viagem para descanso e ajustes de nossa vida pessoal e profissional, sofremos um acidente que nos deixou por um bom tempo em recuperação. Resolvi fazer do limão a limonada e trocar "o porquê" para "o para quê" aquela situação estava acontecendo? Quais as lições? O que precisava mudar e como?

Conheci profissionais e mentores que me ajudaram a descobrir a minha essência, o meu propósito. Com autoconhecimento aprendi que precisamos aprender a escolher nosso destino de forma clara e específica; que as crenças que hoje limitam podem ser transformadas em crenças empoderadoras; que devemos honrar a nossa história e dar novos significados, se quisermos vencer. Fui colecionando ensinamentos e lições ao longo das formações, cursos e treinamentos. Um divisor de águas.

Fiz a transição de carreira. Tornei-me terapeuta de mulheres e facilitadora em desenvolvimento humano e, hoje, tudo que faz sentido para mim, eu compartilho. Oferecerei aqui dicas valiosas que compilei e transformei em uma metodologia própria. Metodologia esta que tem feito a diferença na minha vida e na de minhas mentoradas, para sua conquistas.

Acredite e será possível

Quando as sombras aparecem mas acreditamos que existe algo superior às nossas imperfeições materiais, às nossas dores, confiamos e adquirimos coragem para fazer a mudança. É bíblico. "Não temais, porque eu sou contigo" (Isaias 41:10); "Posso todas as coisas naquele que me fortalece" (Filipenses 4:13); "Mas esforçai-vos e não desfaleçam as vossas mãos porque a vossa obra terá recompensa" (Crônicas 15:7).

Imagine-se olhando do cume de uma montanha, com segurança, tendo a possibilidade de se sentir grande e enxergar todas as possibilidades existentes e disponíveis para a mudança. É essa força que você precisa para iniciar e ter a certeza de que não estará só na caminhada.

Autoconhecimento liberta

Adquirir novos conhecimentos e promover mudanças positivas é transformador e com o autoconhecimento se tornará libertador. Conhecer a nós mesmos, nossas paixões, habilidades, forças e fraquezas são elementos que o autoconhecimento pode nos proporcionar. Uma compreensão profunda de quem somos e o que realmente desejamos alcançar.

Quando estamos alinhados ao nosso verdadeiro eu, nossas escolhas se tornam mais autênticas e coerentes com nosso propósito. E mesmo que não saibamos qual é a nossa missão, o autoconhecimento será de muita valia para entendermos e definirmos essa questão. Ele evita caminhos que, embora possam parecer atraentes externamente, não ressoam com nossa essência interior. Além disso, ao entender nossas limitações, podemos trabalhar para superá-las, evitando que nos paralisem ou desviem-nos de nossos objetivos.

A autoconsciência retirou a venda dos meus olhos e me permitiu ter clareza, capacitando-me a enfrentar desafios com resiliência renovada. Consegui administrar os estados emocionais, adquirir confiança e me sentir mais leve.

Autorresponsabilidade é a chave da mudança

Imagine que a vida é como uma escadaria, onde cada degrau representa o próximo nível. Quando assumimos a responsabilidade pelo que pensamos, sentimos e fazemos, começamos a mudar a frequência que emitimos. Experimentamos as sensações de altruísmo, utilidade, merecimento, coragem e um bem-estar maior.

Peço licença, novamente, para utilizar uma metáfora. Na minha percepção, elas são eficazes para passar a mensagem de forma clara e simples.

Costumo dizer que, na vida, temos apenas duas cadeiras para escolhermos sentar. Uma é o assento da vitimização. Aqui é o processo pelo qual uma pessoa acredita que os problemas e desafios que enfrenta são causados, exclusivamente, por fatores externos, sem reconhecer a própria responsabilidade ou capacidade de modificar o cenário, colocando-se na condição de dependente.

A outra é a cadeira do aprendiz. Essa posição nos alça à condição de sabedoria. Reconhecemos que nossas ações, escolhas e atitudes têm impacto direto em nossa realidade. Deixamos de culpar circunstâncias externas por nossas dificuldades e assumimos o leme do barco. Escolhemos enxergar as infinitas possibilidades de soluções e resolução dos problemas.

Essa é a grande diferença de quem prospera e quem fica girando em círculos viciosos da inércia e da procrastinação. Decida sentar na cadeira de aprendiz e terá a oportunidade de desenvolver suas potencialidades e crescer.

Escolha a rede de apoio

A importância de termos ao nosso lado pessoas que vão somar com a nossa trajetória torna mais fácil o que ainda não conhecemos ou não sabemos como fazer.

A rede apoio nos auxilia a termos clareza do objetivo e bem-estar emocional, psicológico e social. Uma rede sólida de pessoas, amigos e profissionais nos auxilia a termos resiliência, saúde mental e senso de pertencimento e segurança.

E, o mais importante, é necessário que confiemos no processo e que, cada um de nós tem o seu tempo, pois somos seres únicos. Assim será mais leve e mais rápido alcançar os objetivos.

Melhor o feito do que o perfeito

Decida pôr a "mão na massa" e tirar os projetos do papel. Quando realizamos tarefas, mesmo que não sejam perfeitas, saímos do estágio de planejamento e partimos para a ação e, assim, podemos ajustar a rota, gerando, criando e transformando, quando necessário.

Gratidão e persistência

O hábito de agradecer pelas pequenas coisas que tornam nossa vida mais fácil a cada conquista tem o poder de manter a mentalidade fortalecida. Envolve clareza, expansão de consciência, resiliência e satisfação.

Persistir até que dê certo é ter coragem de se vencer a cada dia para viver o resultado almejado. Isso atrai prosperidade!

E, lembre-se: difícil é só o que você ainda não conhece como fazer; decida escolher a próxima rota; se um alcançou, então, qualquer um também pode; com a rede de apoio, o caminho é mais leve e quando chegar o resultado, já tenha em mente qual será o próximo nível!

Se fez sentido para você, @eusoutamilabraz e minha missão é auxiliá-la a escolher a próxima rota, com clareza e leveza.

"Tudo é possível! Existem infinitas possibilidades esperando por você, só que o primeiro passo precisa ser o seu. Decida fazer acontecer!"

Tamila Braz

EDITORA
CHAVE MESTRA®

Instagram: @editorachavemestra

E-mail: editora@editorachavemestra.com.br

Site: www.editorachavemestra.com.br